Geld spielt (k)eine Rolle

Sigrid Born · Nicole Würth (Hrsg.)

Geld spielt (k)eine Rolle

Fragen zu Geld und Wirtschaft

Illustrationen von Roland Prillwitz

arsEdition

Bibliografische Information Der Deutschen Bibliothek

Die Deutsche Bibliothek verzeichnet diese Publikation in der Deutschen Nationalbibliografie; detaillierte bibliografische Daten sind im Internet über http://dnb.ddb.de abrufbar.

5 4 3 2 1 08 07 06 05

Redaktion: Natascha Wolf
Gesetzt aus der Bodoni
Papier: 135 g/qm Praximatt
Druck und Bindung: Westermann Druck Zwickau GmbH

ISBN-13: 978-3-7607-4884-9
ISBN-10: 3-7607-4884-8

www.arsedition.de

Inhalt

Vorwort

»Über fünf Millionen Arbeitslose« – »Mehr arbeiten für weniger Geld« – »Stehen wir kurz vor dem Börsencrash?« – »Inflationsrate steigt« – »Globalisierungsgegner randalieren beim Gipfeltreffen« – »Erneut Leitzinsen gesenkt« ...

Sicher lest ihr solche oder ähnliche Schlagzeilen, wenn ihr die Zeitung eurer Eltern zur Hand nehmt – und wahrscheinlich legt ihr sie dann wieder weg. So geht es zumindest unseren Kindern und den meisten, die wir sonst noch kennen.

Doch woran liegt das? Ihr hört diese Begriffe zu oft, ohne dass ihr etwas damit anfangen könnt, sodass ihr automatisch abschaltet, wenn sie auftauchen. Und wenn ihr wirklich einmal den Artikel lest, der unter der Überschrift steht, dann ist der meist für Erwachsene geschrieben. Schlichtweg gesagt: Ihr versteht kein Wort.

Doch das geht nicht nur euch so. Auch viele Erwachsene wissen nicht, was ein Bruttoinlandsprodukt ist oder was passieren muss, damit es mit der Wirtschaft aufwärts geht. Also können sie es euch auch nicht erklären. Dabei ist Wirtschaft interessant und spannend – manchmal so sehr wie ein Krimi oder ein fesselnder Film im Kino.

Nachdem unser erstes Buch »(R)echt cool« ein so großer Erfolg bei euch war, haben wir auch eines über Wirtschaft gemacht. In »(R)echt cool« hatten wir prominente Juristen gebeten, euch in einfachen Worten Recht und Gesetz verständlich zu erklären. Auch für »Geld spielt (k)eine Rolle« konnten wir wieder fünfzehn interessante Prominente als Autoren gewinnen. Sie erklären euch auf den folgenden Seiten, wie Geld und Wirtschaft funktionieren. Also zum Beispiel, wie Börsenkurse beeinflusst werden, was Inflation bedeutet, wie ein Fußballverein geleitet wird, wie der Euro und Geld überhaupt entstanden sind oder wie das Bezahlen ohne Geld funktioniert. Im Anhang des Buchs werden außerdem wirtschaftliche Fachbegriffe erklärt. Über all diese Fragen und Begriffe wisst ihr am Ende des Buchs bald besser Bescheid als eure Eltern.

Die Autoren des Buchs kennt ihr alle gut – aus Politik, Wirtschaft oder Fernsehen. Sie wissen, wovon sie reden, weil sie mit diesem Thema tagtäglich zu tun haben. Und jeder hat sich an »sein Thema« in seiner ganz eigenen Art herangewagt. Viel Spaß beim Lesen!

Übrigens: Da UNICEF sich national und international für die Rechte der Kinder einsetzt und wir diese wichtige Arbeit unterstützen wollen, fördern wir UNICEF mit einem Teilerlös dieses Buchprojekts.

Sigrid Born und Nicole Würth

Michael Jungblut

Warum kostet ein Apfel 50 Cent?

Manche Kinder wohnen mit ihren Eltern in einem Haus mit einem Garten. Wenn der Garten groß genug ist, gibt es nicht nur Blumen, Sträucher und einen Rasen, auf dem man spielen oder in der Sonne liegen kann, sondern auch kleine oder große Bäume. Einige Bäume sehen nur schön aus, andere haben dicke Äste, in denen man herumklettern kann. Und dann gibt es Bäume, die schön aussehen, in denen man herumklettern kann und an denen außerdem noch viele Früchte wachsen, die man essen kann – zum Beispiel Äpfel.

Wenn sie reif sind, kann man in den Baum klettern und sich einen Apfel pflücken. Oder man holt sich eine Leiter, um besser an die Äste mit den schönsten Äpfeln zu kommen. Wer gar keine Lust hat, sich anzustrengen, kann auch warten, bis die Äpfel so reif sind, dass sie ganz von alleine herunterfallen. Dann muss man sich nur noch bücken, um sie aufzuheben und zu essen.

Kinder, die in so einem Haus mit Garten leben, müssen sich deshalb gar keine Gedanken darüber machen, wie viel ein Apfel kostet und ob es nicht besser wäre, wenn Mutter oder Vater für das Geld etwas anderes kauften.

Wer leckere Äpfel will, muss etwas dafür tun

Allerdings – einfach nur geschenkt oder »umsonst« bekommt man Äpfel auch dann nicht, wenn sie im eigenen Garten wachsen. Denn wenn der Baum viele dicke Früchte tragen soll, muss er gepflegt werden. Wenn es im Sommer sehr heiß und trocken ist, muss jemand aus der Familie dem Baum Wasser geben. Genau wie bei ihren Kindern müssen die Eltern auch bei dem Baum darauf achten, dass er nicht krank wird. Wenn es doch passiert – zum Beispiel weil winzig kleine Pilze seine Blätter zerstören –, muss er gepflegt werden. Um den Stamm herum sollte eine »Baumscheibe« angelegt werden, in der die Erde aufgelockert wird und Gras und Unkraut beseitigt werden. Bei Böden, die nicht genug Nährstoffe haben, sollte ab und zu auch etwas Dünger gestreut werden. Wenn der Winter kommt und der Baum seine Blätter abwirft, muss das trockene Laub weggefegt werden. Und so wie Kinder manchmal zum Friseur gehen müssen, braucht auch ein Apfelbaum gelegentlich einen Schnitt. Dabei werden die Äste abgesägt, die zu lang geworden sind. Trockene Zweige müssen herausgeschnitten werden. Selbst das Pflücken der Äpfel kann ziemlich anstrengend sein, wenn sie ganz hoch oben im Baum hängen. Wer knackige Früchte ernten will, muss dafür arbeiten.

Bei uns kann man Äpfel auch im Winter kaufen

Schöne frische Äpfel gibt es aber trotzdem nur einmal im Jahr vom eigenen Baum, nämlich im Herbst. Wer im Winter oder im Frühjahr Lust hat, Äpfel zu essen, muss sie im Geschäft kaufen. Kinder, die in einer großen Stadt wohnen, essen sowieso nur Äpfel, die ihre Mutter vom Einkaufen mitbringt. Denn in der Stadt gibt es nur selten Obstbäume, in die man einfach klettern kann, um sich selber einen Apfel zu pflücken. Aber dafür gibt es viele Geschäfte und oft auch große Märkte, auf denen man alles kaufen kann, was die Familie zum Essen braucht.

Kinder, die ihre Mutter oder ihren Vater beim Einkaufen begleiten und dabei die Augen offen halten, werden bald merken, dass es Geschäfte gibt, die besonders schönes Obst und Gemüse haben. Manche bieten auch Waren an, die andere gar nicht haben. Das sieht man besonders gut auf einem Markt, wo viele Händler ihre Stände nebeneinander haben. Da gibt es zum Beispiel Stände, an denen es nur eine oder zwei Sorten von Äpfeln gibt. Bei anderen kann man zwischen fünf oder sechs verschiedenen Arten von Äpfeln wählen – je nachdem ob man rote, gelbe oder grüne schöner findet, ob man sie lieber ein bisschen säuerlicher oder süßer mag.

Oft fragt die Mutter den Verkäufer auch, welche Äpfel sich am besten zum Kochen oder Backen eignen und welche am besten schmecken, wenn man sie frisch essen will.

Manche Äpfel haben eine weite Reise hinter sich

Auf den Schildern an den Apfelkisten stehen ebenso wie beim Gemüse nicht nur die verschiedenen Namen und Preise. Man kann auch lesen, aus welchen Ländern sie kommen. Im Sommer und Herbst kommen viele Äpfel aus Deutschland. Im Winter und Frühjahr kommen die meisten aus Ländern, in denen es um diese Jahreszeit wärmer ist als bei uns. Deshalb wachsen und reifen sie dort auch zu einer ganz anderen Zeit als hier.

Früher war es nicht möglich, im Winter Gemüse und Obst aus diesen Ländern nach Deutschland zu bringen. Da konnten die Menschen nur das essen, was noch zu ernten war oder was lange im Keller gelagert werden konnte, ohne zu verderben. Segel- und Dampfschiffe brauchten viel zu lange, um frisches Obst und Gemüse aus Afrika bis nach Deutschland zu bringen. Es gab noch nicht so viele und so gute Straßen und keine schnel-

len Lastwagen. Flugzeuge konnten noch nicht bis Afrika, Amerika oder Australien fliegen, um von dort Bananen oder Apfelsinen zu holen, die bei uns nicht wachsen, weil es nicht warm genug ist.

Versuche einmal zu zählen, aus wie vielen verschiedenen Ländern die Kisten der Händler kommen, bei denen deine Mutter einkauft. Aus welchen Ländern kommen die Äpfel, die der Händler anbietet? Zu Hause kannst du im Atlas oder auf einem Globus nachsehen, wo diese Länder liegen. Du wirst staunen, wie weit die Reise war, die mancher Apfel machen musste, bis er bei dir gelandet ist.

Ein Apfel geht durch viele Hände

Wenn man darüber einmal nachdenkt, kann man sich auch leicht vorstellen, wie viele Menschen dem Apfel bei seiner Reise helfen müssen. Das fängt an mit dem Bauer, der seine Bäume pflanzen und pflegen muss, wenn er eine ordentliche Ernte haben will. Da er aber anders als in einem Garten nicht nur einen, sondern sehr viele Bäume versorgen muss, ist er damit ebenso den ganzen Tag beschäftigt wie dein Vater und deine Mutter bei ihrer Arbeit.

Nach der Ernte müssen die Äpfel in Kisten verpackt werden. Die Kisten werden auf Lastwagen verladen, die dann von Italien oder Spanien bis nach Deutschland fahren – oft mehr als tausend Kilometer. Wenn die Äpfel aus Ländern kommen, die noch weiter weg sind, zum Beispiel aus Afrika oder Australien, müssen die Kisten in Flugzeuge und Schiffe umgeladen werden. Nach ihrer Ankunft in Deutschland kommen sie wieder auf Lastwagen, die sie zu einem Großmarkt fahren, den die Händler ganz früh am Morgen besuchen.

Die Händler kaufen dort ganze Säcke und Kisten mit Kartoffeln, Gurken, Paprika, Bananen, Äpfeln und anderen Produkten. Die verkaufen sie dann selber im Laufe des Tages in kleinen Mengen wieder an ihre Kunden – zum Beispiel an deine Mutter. So bekommt der Händler nicht nur das Geld wieder, das er vorher auf dem Großmarkt ausgegeben hat, denn er verkauft sein Obst und Gemüse zu etwas höheren Preisen, als er selber bezahlt hat. Der Unterschied ist dann sein Gewinn, von dem er und seine Familie leben. Jeder Händler muss sich aber genau überlegen, wie viel er wohl im Laufe des Tages verkaufen kann. Wenn er zu wenig Orangen, Kohlköpfe oder Äpfel einkauft, ärgern sich seine Kunden, weil sie zum nächsten Geschäft laufen müssen. Wenn er zu viel einkauft, bleibt er auf der Ware sitzen. Weil Obst und Gemüse nicht lange frisch bleiben, muss er vielleicht einen Teil davon wegwerfen. Das Geld, das er dafür bezahlt hat, bekommt er nicht zurück.

Jeder will am Apfel mitverdienen

Du kannst dir jetzt vielleicht vorstellen, wie viele Menschen arbeiten müssen, bis der Apfel zu euch nach Hause kommt, und wie viele Lastwagen, Schiffe oder manchmal auch Flugzeuge dafür gebraucht werden. Alle Fahrzeuge verbrauchen Benzin oder Diesel, manchmal gehen sie auch kaputt und müssen repariert werden. Das kostet dann viel Geld. Auch die vielen Menschen, welche die Äpfel züchten und transportieren, wollen für ihre Arbeit Geld. Denn ebenso wie deine Eltern müssen auch sie ihren Kindern zu essen geben und ihnen Kleider und Schuhe kaufen: der Bauer, der die Apfelbäume pflegt, die Leute, die Kisten für die Äpfel herstellen, die Fahrer der Lastwagen und viele mehr. Auch der Händler auf dem Markt will mehr für den Apfel, als er selber bezahlt hat. Denn sonst bleibt für ihn und seine Familie nichts übrig.

Deshalb wird der Apfel auf seiner Reise immer ein bisschen teurer. Je weiter die Reise ist, umso höhere Kosten entstehen, bis er schließlich im Geschäft oder auf dem Markt landet und auf Käufer wartet. Diese Käufer nennt man übrigens oft auch Endverbraucher, denn in ihrem Magen endet die Reise des Apfels nach seinem oft sehr weiten Weg.

Wenn du jetzt durch ein Geschäft oder über den Markt gehst, können dir die Schilder an den Kisten schon eine ganze Menge erzählen. Du weißt, dass es viele verschiedene Apfelsorten gibt. Sie schmecken nicht nur unterschiedlich, manche eignen sich besser zum Backen oder Kochen, andere schmecken am besten frisch. Außerdem kommen sie je nach Jahreszeit aus ganz verschiedenen Ländern. Du kannst deshalb auch verstehen, warum die Händler manchmal ziemlich viel Geld für ihre Waren haben wollen und warum sie zu anderen Zeiten viel niedrigere Preise auf die Tafeln an den Kisten schreiben.

Warum kosten Äpfel mal mehr und mal weniger?

Aber damit ist das Geheimnis, warum die Preise für Äpfel ebenso wie die für Spargel, Salat oder Kiwis sich oft ändern, immer noch nicht vollständig gelöst. Denn wenn ein Händler einen hohen Preis verlangt, heißt das noch lange nicht, dass er ihn auch bekommt. Das entscheidet der Kunde, wie etwa deine Mutter.

Niemand kann sie zwingen, gleich beim ersten Händler zu kaufen – oder überhaupt an diesem Tag Äpfel zu kaufen. Wenn sie meint, dass ein Apfel für 50 Cent viel zu teuer ist, geht sie zu anderen Gemüseständen und guckt, wie viel dort die Äpfel kosten. Es kann sein, dass der nächste Händler besonders knackige Äpfel verkauft, die außerdem noch billiger sind. Dann wird deine Mutter natürlich bei ihm kaufen – es sei denn, du wärst in der Zeit kreuz und quer über den Markt gelaufen, hättest die Preise verglichen und könntest jetzt deine Mutter zu dem Stand führen, an dem an diesem Tag Äpfel am allergünstigsten zu haben sind. Denn nachdem du das hier gelesen hast, weißt du ja, dass man immer erst einmal die Angebote prüfen und vergleichen muss, ehe man einkauft. Auf einem Wochenmarkt geht das ganz besonders gut. Denn da stehen viele Händler, die alle sehr ähnliche Produkte verkaufen, ganz dicht nebeneinander.

Auch wenn nicht alle Käufer so schlau sind – manchmal sind sie auch zu faul –, funktioniert diese Art der Preiskontrolle meist sehr gut. Denn die Händler mit den hohen Preisen werden bald merken, dass ihnen die Kunden weglaufen. Dann bleibt ihnen gar nichts anderes übrig, als ebenfalls ihre Preise zu senken. Sonst müssten sie ja einen großen Teil ihrer

Äpfel oder Bananen wegwerfen und bekämen gar kein Geld dafür. Achte mal darauf, wie oft es vorkommt, dass kurz vor Ende der Verkaufszeit Händler plötzlich bestimmte Waren viel billiger anbieten: »Wer zwei Pfund Spargel kauft, bekommt das dritte Pfund gratis dazu« oder »zwei Bund Rosen zum Preis von einem«. Wer am Samstag spät einkauft, findet manchmal keine frischen Eier mehr oder muss feststellen, dass die neuen Kartoffeln überall ausverkauft sind. Aber dafür gibt es oft viele andere Sachen zum Schnäppchenpreis.

Angebot und Nachfrage bestimmen den Preis

Es kann allerdings auch ganz anders kommen. Wenn es zu Beginn der Erntezeit nur an ganz wenigen Ständen Spargel gibt und sich viele Leute in den Kopf gesetzt haben, dass sie am Wochenende unbedingt Spargel essen wollen, dann nutzen die Händler das aus und verlangen viel mehr Geld als an den Tagen zuvor. Aber dein Vater oder deine Mutter müssen den erhöhten Preis ja nicht bezahlen. Sie können sich etwas anderes für das Mittagessen einfallen lassen. Sie warten mit dem Kauf von Spargel so lange, bis die Ernte in vollem Gang ist und die Bauern froh sind, wenn sie ihr Gemüse überhaupt loswerden. Dieser Spargel ist auch nicht schlechter als in der Woche vorher. Aber der schlaue Verbraucher zahlt viel weniger als diejenigen, die nicht warten konnten.

Ähnlich ist es bei den Äpfeln. Wenn du an einem bestimmten Tag unbedingt einen Apfel essen willst und deine Mutter damit so lange nervst, bis sie endlich Äpfel kauft, kann es sein, dass sie dafür pro Stück 50 Cent oder mehr zahlen muss. Aber wenn du auch mit Orangen zufrieden bist, die in dieser Woche ganz billig verkauft werden, weil einige der großen Anbauländer mitten in der Erntezeit sind, kommt ihr viel günstiger an die Vitamine. Einige Wochen später ist es vielleicht umgekehrt: Äpfel gibt es in Hülle und Fülle – und daher billig. Aber gute Apfelsinen sind knapp und werden teuer verkauft. Wer auf solche Preisbewegungen achtet, lebt auch nicht schlecht, aber viel billiger.

So funktioniert die »Marktwirtschaft«

So ist es bei den meisten Produkten – egal ob es um Äpfel und Birnen, Fernseher und Autos, modische Klamotten oder Urlaubsreisen geht. Die Anbieter wollen hohe Preise, weil sie dann mehr verdienen. Die Käufer, die nicht warten wollen oder sich nicht die Mühe machen, die Preise der verschiedenen Anbieter zu vergleichen, müssen dann viel Geld ausgeben. Andere, die erst einmal genau prüfen und sich ein wenig Zeit lassen mit dem Kauf, zahlen später oft viel weniger. Bei Autos, Computern oder Videospielen, Handys oder MP3-Playern läuft es im Grunde ganz ähnlich wie bei den Äpfeln. Selbst die Börse, an der Aktien gekauft und verkauft werden, funktioniert ganz ähnlich: Wenn viele Menschen etwas kaufen wollen, die Nachfrage also hoch ist, steigt der Preis. Wenn viel mehr Leute da sind, die etwas verkaufen wollen, das Angebot höher ist als die Nachfrage, sinkt der Preis. Die Höhe des Preises wird also vor allem davon bestimmt, ob Käufer oder Verkäufer in der Überzahl sind.

Dies alles lässt sich auf einem Wochenmarkt besonders gut beobachten. Denn dort stehen viele Händler direkt nebeneinander. Sie bieten sehr ähnliche Waren – wie Äpfel, Gurken oder Kopfsalat – an. Das macht den Vergleich von Preisen und Qualität leicht. Die Händler liefern sich einen harten Wettbewerb um die Kunden. Denn wenn sie Geld verdienen wollen, müssen sie versuchen, so viele Käufer wie möglich an ihren Stand zu locken. Das geht nur durch gute Qualität und niedrige Preise.

Weil dies möglichst in allen Bereichen der Wirtschaft so funktionieren soll, wird sie »Marktwirtschaft« genannt.

Prof. Dr. Guido Knopp

Wie ist das Geld entstanden?

Einer der Erfinder des Geldes war König Krösus von Lydien, der vor mehr als 2600 Jahren im Gebiet der heutigen Türkei lebte. Er galt als unermesslich reich, denn in seinem Königreich wurden große Mengen Gold gefunden. Der König war aber auch unermesslich ehrgeizig. Die Götter hatten ihm verkündet: »Wenn du über den Grenzfluss Halys ziehst, wirst du ein großes Reich zerstören.« Ungeduldig warb Krösus überall Soldaten an, mit denen er die Länder seines mächtigen Nachbarn, des Perserkönigs Kyros, erobern wollte. Um die Soldaten einfacher bezahlen zu können, ließ er sein Gold in kleine, runde Formen gießen. Auf jede dieser Formen war ein Bild geprägt, das bestätigte, dass sie alle ein bestimmtes Gewicht hatten. Jetzt konnte er seine Soldaten problemlos bezahlen, und sie sahen mit einem Blick, wie viel Gold ihnen der König in die Hand drückte. Krösus hatte die Münze erfunden – die Form des Geldes, die wir noch heute kennen.

An der Spitze seines bezahlten Heeres machte der König sich nun auf zu großen Eroberungen. Er überschritt den Grenzfluss Halys, und die Prophezeiung erfüllte sich: Krösus zerstörte tatsächlich ein großes Reich – aber es war sein eigenes. Denn der Perserkönig besiegte das Heer des

Krösus und herrschte nun auch über Lydien. Krösus starb als enttäuschter, gebrochener Mann, doch die Idee mit der Münze und der Ruf von seinem sagenhaften Reichtum verbreiteten sich in aller Welt bis in unsere Tage hinein. Jeder von uns hat schon einmal eine Münze in der Hand gehabt und damit etwas gekauft. Und noch heute nennen wir einen sehr reichen Mann einen »Krösus«.

Am Anfang wurde getauscht

Dass die Idee des Krösus mit der Münze so erfolgreich war, hatte natürlich Gründe. Lange Zeit waren die Menschen ganz ohne Geld ausgekommen. Wer etwas vom anderen wollte, tauschte Ware gegen Ware: Fische gegen Brot, Äxte gegen Speere, Rinder gegen Schafe. Je mehr Menschen jedoch zusammenlebten und je mehr sie untereinander tauschten, desto unpraktischer wurde das Ganze. Was tun, wenn einer mehr Fische hatte, als er essen konnte, aber dafür kein Brot wollte, das ein anderer ihm dafür bot? Oder wenn einer nur ein ganz kleines Schaf hatte, für das der andere sein großes Rind nicht geben wollte? Um das Dilemma zu lösen, musste ein Tauschmittel her, das jeder gerne nahm und das je nach Wert des Gekauften in großer oder kleiner Menge überreicht werden konnte. Die Idee des Geldes war geboren – übrigens schon einige Zeit, bevor Krösus die Goldmünze erfand.

Zuerst nämlich behalfen sich die Menschen in verschiedenen Ländern mit Muscheln, Perlen oder Fellen als allgemeines Tauschmittel, für das man alles Weitere kaufen konnte. Am Ende aber setzte sich überall die Münze durch. Die runden Geldmittel aus wertvollen Metallen wie Gold und Silber waren eben leicht zu transportieren, sie waren haltbar, und die Prägung auf ihnen garantierte, dass sie tatsächlich einen bestimmten Wert besaßen. Sie wurden daher von allen gerne als Tauschmittel akzeptiert.

Geld kann man sparen – Waren nicht

Das Münzgeld war aber nicht nur als allgemeines Tauschmittel beliebt. Da die Münzen relativ klein und haltbar waren, konnte man sie gut aufbewahren, ohne dass sie ihren Wert verloren. Dies hatte einen großen Vorteil: Denn seit es Geld gibt, wird auch gespart – für Notzeiten oder für größere Anschaffungen. Seit über 2000 Jahren gibt es dafür auch Spardosen, die immer nach demselben Prinzip hergestellt wurden: Es ist leicht, Geld hineinzuwerfen, aber schwer, es wieder herauszuholen. Oft muss das Gefäß zerschlagen werden, um an das angesparte Geld zu kommen. Auch das beliebte Sparschwein gibt es schon seit 700 Jahren und nicht nur in Deutschland. In vielen Ländern der Welt bis ins ferne China gilt das Schwein als Symbol für Glück und Fruchtbarkeit – das Geld im Sparschwein soll sich vermehren und seinen Besitzer glücklich machen.

Noch einen dritten Vorteil bietet Geld: Man kann nicht nur alle möglichen Waren dafür kaufen, man kann es nicht nur sparen, sondern durch Geld kann man auch den Wert von Dingen miteinander vergleichen. Ein Fahrrad ist mehr wert als ein Fußball – doch wie viel mehr wert es ist, zeigt dir erst ein Vergleich zwischen dem Geld, das du für ein Fahrrad, und dem Geld, das du für einen Fußball ausgeben musst. Das Geld ist also ein Maßstab, an dem wir den unterschiedlichen Wert der Dinge auf einfache Weise messen können.

Echt oder falsch?

Ein Problem gab es schon immer mit dem Geld: Seit es Münzen gibt, werden sie auch gefälscht. Die Fälscher wendeten dabei unterschiedliche Tricks an. Sie fertigten die Münzen nicht aus Gold und Silber an, sondern nahmen ein billiges Metall, das sie mit einer dünnen Schicht Gold und Silber überzogen. Oder sie bohrten aus echten Münzen ein wenig Edelmetall heraus oder beschnitten den Rand, um sie leichter zu machen. Manche Fälscher machten dabei dumme Fehler. Sie fälschten zum Beispiel Münzen des römischen Kaisers Otho. Das fiel auf, denn Otho war nur vier Monate Kaiser und hatte einfach keine Zeit, echte Münzen herauszugeben.

Wie viel ist eine Münze wert?

Lange Zeit hat sich das Münzgeld im Grunde nicht sehr verändert. Noch vor hundert Jahren galt für die großen Münzen in Deutschland das gleiche Prinzip wie im Lydien des Königs Krösus: Sie waren genauso viel wert wie das Metall, aus dem sie bestanden. Ein Beispiel: Das goldene 20-Mark-Stück mit dem Bild des deutschen Kaisers war aus Feingold mit einem Gewicht von etwas über 7 Gramm. Diese Menge Feingold entsprach exakt dem Wert von 20 Mark. Wer eine 20-Mark-Münze einschmolz, konnte daraus problemlos einen goldenen Ring machen. Münzen, die genauso viel wert sind wie das Metall, aus dem sie bestehen, nennt man Währungsmünzen. Das Verlangen nach ihnen führte manchmal zu seltsamen Ergebnissen. In Russland etwa gab man im 18. Jahrhundert Münzen aus Kupfer heraus. Da Kupfer relativ billig war, mussten die Münzen sehr groß ausfallen, um etwas wert zu sein. Am Ende goss man Platten mit einem Gewicht von bis zu 20 Kilogramm. In seinen Geldbeutel konnte man solche Währungsmünzen natürlich nicht mehr stecken, und ein Sparschwein, in das sie hineingepasst hätten, kann man lange suchen.

Geld ist wie ein Gutschein

Nach dem Ersten Weltkrieg wurden anstelle der Währungsmünzen so genannte Scheidemünzen eingeführt. Scheidemünzen sind Münzen, die mehr wert sind als das Material, aus dem sie bestehen. Ein Beispiel: Wer heute eine 1-Euro-Münze einschmilzt, der gewinnt daraus kein Gold mehr, das einen Euro wert wäre. Die Metalle, aus denen die 1-Euro-Münzen bestehen, sind viel weniger wert. Die 1-Euro-Münzen bestehen nämlich vor allem aus Eisen und Kupfer, und beides ist nicht sehr teuer. Wenn wir dennoch mit einer 1-Euro-Münze so umgehen, als wäre sie einen Euro wert, so deshalb, weil diese Münze praktisch wie ein Gutschein ist. Die Regierungen der Länder, in denen der Euro gilt, also auch die deutsche Regierung, garantieren, dass die von ihnen geprägte 1-Euro-Münze einen Euro wert sein soll. Man kann daher mit einer solchen Euro-Münze problemlos auch Gold im Wert von einem Euro kaufen. Die Menge Gold, die man für einen Euro bekommt, muss man allerdings mit der Lupe suchen, so wenig ist es. Wer mehr für seinen Euro sehen will, kauft sich besser ein Eis.

Geldscheine sind schwer zu fälschen

Wenn die 1-Euro-Münze nur eine Art Gutschein ist, dann gilt dies natürlich noch viel mehr für Geldscheine, die aus Papier sind. Papier ist im Regelfall noch viel billiger als Eisen und Kupfer, dennoch ist das Papiergeld im Geldbeutel mehr wert als die Münzen. Ein 50-Euro-Schein ist so viel wert wie fünfzig 1-Euro-Münzen. Der Vorteil von Geldscheinen besteht darin, dass sie viel leichter sind als Münzen und zugleich viel schwerer zu fälschen. Wenn ihr einen Geldschein gegen das Licht haltet, dann werdet ihr sehen, dass er aus vielen komplizierten Zeichnungen besteht, die man erst bei ganz genauem Hinsehen erkennt. Wer versucht, einen solchen Geldschein nachzumachen, der muss sich ganz schön anstrengen. Und er muss aufpassen, dass die Polizei ihn nicht erwischt, denn Geldfälschen ist ein schweres Vergehen und wird mit mehreren Jahren Gefängnis bestraft.

Geld, das man in den Händen halten kann, wie Münzen und Geldscheine, nennt man übrigens Bargeld. Es gibt auch noch anderes Geld, so genanntes Buchgeld. Die meisten Menschen in Deutschland haben ein

Konto auf der Bank, auf dem ihr Geld liegt wie in einem Sparschwein. Nun ist es nicht so, dass die Bank für jeden Kunden ein Schließfach einrichtet, in dem seine Geldscheine und Münzen liegen. Das würde einfach zu viel Platz kosten. Wenn jemand auf der Bank Geld einzahlt, dann wird ihm dieses Geld vielmehr in einem Buch gutgeschrieben, daher »Buchgeld«. Dieses Geld existiert nur in den Büchern der Bank oder heute besser in den Computern der Bank. Das spart Kosten, denn die Banken brauchen nicht so große Tresore und die Regierung muss nicht so viele Scheine und Münzen herstellen. Mittlerweile gibt es viel mehr »Buchgeld« als »Bargeld«. Wenn wir alle auf einmal unser Geld vom Konto abheben würden, dann hätten die Banken bald ein großes Problem. Sie hätten nicht annähernd genügend Scheine und Münzen, um allen ihr Geld bar auf die Hand zu geben. Aber natürlich machen wir das nicht, denn es ist sicherer, das meiste Geld auf der Bank zu haben.

Mit Geld kann man nicht alles kaufen

Im Geschäftsleben spielt heute das Bargeld keine führende Rolle mehr. In den Geschäften wird meist mit Kreditkarten der Bank bezahlt, vor allem, wenn es um höhere Beträge geht. Das ist leichter und sicherer, als immer viel Bargeld im Geldbeutel zu haben. Der Kaufpreis wird dann von unserem Konto abgebucht und auf das Konto des Geschäftes überwiesen. Auch die Firmen drücken ihren Angestellten schon lange nicht mehr Lohntüten mit Bargeld in die Hand, sondern sie überweisen den Lohn direkt auf deren Konten. Möglicherweise werden wir in absehbarer Zeit fast gar kein Bargeld mehr haben, sondern auch unser Eis mit Kreditkarten bezahlen. König Krösus von Lydien und seine Soldaten hätten darüber den Kopf geschüttelt.

Alles kann man mit Geld natürlich nicht kaufen, das hat schon König Krösus leidvoll erfahren müssen. Eine kluge Frau schrieb einmal: »Geld ist immer nur Mittel zum Zweck. Es dient, ähnlich der Sprache, als Verständigungsmittel zwischen den Menschen, wenn es sich um geschäftliche Beziehungen handelt. Unendlich vieles kann man mit Geld kaufen, nicht aber die größten Güter der Menschheit: Gesundheit, Liebe, Freundschaft, Geist und Talent.«

Hans Eichel

Warum reden immer alle vom Wirtschaftswachstum?

Vom Wirtschaftswachstum habt ihr bestimmt schon einmal in den Nachrichten gehört. Begriffe wie Wirtschaftswachstum oder Konjunktur werden da in der letzten Zeit ziemlich oft genannt. Alle reden immer vom Wirtschaftswachstum – aber was ist das eigentlich? Und warum scheint das so wichtig zu sein? Ganz einfach: Wenn die Wirtschaft wächst, dann geht es uns Menschen in Deutschland gut, denn das bedeutet, dass es viele Arbeitsplätze gibt, die Menschen gut verdienen, der Staat sich um Bedürftige kümmern kann und es wenige Arme gibt.

Wie misst man das Wirtschaftswachstum?

Ob die Wirtschaft wächst oder nicht, wird durch das so genannte Bruttoinlandsprodukt gemessen. Mit diesem Begriff bezeichnet man alles, was innerhalb eines Jahres an Waren und Dienstleistungen in Deutschland produziert oder getätigt wurde. Es wird also zusammengerechnet, wie viele Autos, Fahrräder oder Inlineskates die Unternehmen verkauft haben, wie viel die Menschen im Supermarkt gekauft oder beim Friseur für einen Haarschnitt ausgegeben haben.

Dabei ist es egal, ob ein deutscher Mechaniker oder ein ausländischer Computerfachmann zur Herstellung eines Autos hier in Deutschland beiträgt – Hauptsache, sie arbeiten beide hier. Diese Arbeitskraft nennen die Fachleute auch Humankapital. Und wenn es viel davon gibt, dann wirkt sich das positiv aufs Wirtschaftswachstum aus. Gibt es also viele Menschen, die etwas leisten, dann ist das für unser Land gut und die Wirtschaft kann wachsen.

Genauso wichtig fürs Wirtschaftswachstum ist das so genannte Kapital. Damit sind die Maschinen und Geräte in den Unternehmen oder die LKWs, mit denen die hergestellten Waren transportiert werden, gemeint. Auch sie sind notwendig für eine funktionierende Wirtschaft, denn die hergestellten Inliner, Autos oder Fahrräder müssen ja irgendwie in die Geschäfte kommen, wo sie dann verkauft werden.

Schließlich sind aber auch stets neue Ideen gefragt, also neue Geschäftsideen oder Erfindungen. Eine besonders wichtige Erfindung war vor mehr als 200 Jahren beispielsweise die Dampfmaschine, die den Grundstein für die Erfindung der Eisenbahn legte, oder im letzten Jahrhundert der Durchbruch des Computers, der nun in vielen Bereichen nicht mehr wegzudenken ist. Beide Erfindungen haben der Wirtschaft neue Kraft verliehen und sie wachsen lassen.

Warum ist Wachstum so wichtig?

Ihr habt ja gerade gelesen, dass man am Bruttoinlandsprodukt erkennt, ob die Wirtschaft wächst. Je stärker das Bruttoinlandsprodukt von einem zum anderen Jahr zunimmt, desto mehr Wachstum haben wir. Aber warum ist Wachstum so wichtig? Wir brauchen es, damit wir unseren Wohlstand, das heißt unseren Lebensstandard halten oder auch erhöhen können. Denn alles, was produziert wird, kann auch in Form von Einkommen verteilt werden.

Wenn also in Deutschland viele Unternehmen viele Autos, Inliner oder Fahrräder bauen, dann brauchen sie dafür Angestellte, welche die Produkte herstellen und verkaufen. Dafür bekommen sie Geld, von dem sie ihre Familie ernähren und sich etwas leisten können. Darüber freuen sich wiederum die Unternehmen, die dann wieder viel verkaufen können. Und so geht das immer weiter.

Wichtiger als das reine Wachstum des Bruttoinlandsprodukts ist es deshalb, wie sich das Bruttoinlandsprodukt je Einwohner entwickelt. Nur dann, wenn jeder Einzelne mehr zur Verfügung hat, kann sich auch der

Lebensstandard der Bevölkerung insgesamt erhöhen. Weil zurzeit die Bevölkerung in Deutschland (noch) wächst, muss das Bruttoinlandsprodukt steigen, damit alle Menschen ihren Lebensstandard beibehalten können.

Was ist, wenn die Wirtschaft mal nicht mehr wächst?

Wenn die Wirtschaft wächst, befindet sie sich im Aufschwung. Der Aufschwung ist Teil des so genannten Konjunkturzyklus. Das bedeutet, dass die Wirtschaft mal wächst, aber auch mal schwächer wird. Das ist so ähnlich wie bei den Jahreszeiten: Nach dem Sommer folgt immer der Winter. Genauso gibt es auch bei der Wirtschaft immer ein Auf und Ab. Glücklicherweise ist die Phase des Aufschwungs, also einer wachsenden Wirtschaft, meistens länger als die einer schrumpfenden.

Damit ein Aufschwung so richtig in Fahrt kommt, hilft uns manchmal auch das Ausland. Nämlich dann, wenn ausländische Unternehmen ganz viele deutsche Produkte kaufen. Je mehr Autos, Fahrräder oder Maschinen aus Deutschland von ausländischen Unternehmen gekauft werden, desto besser geht es uns. Die deutschen Unternehmen bekommen mehr Aufträge und müssen diese Sachen dann natürlich herstellen. Dafür müssen sie mehr Mitarbeiter beschäftigen. Damit sinkt die Arbeitslosigkeit, und die Menschen verdienen wieder mehr, sodass sie auch mehr ausgeben können. Und je mehr Geld jeder Einzelne ausgibt, desto stärker fällt das Wirtschaftswachstum aus. Wenn der Aufschwung am stärksten ist, spricht man von einem Boom oder einer Hochkonjunktur, auf die dann ein – meist eher kurzer – Abschwung folgt. Diesen Abschwung nennt man Rezession.

Wenn die Wirtschaft weder wächst noch sinkt, nennt man das eine Stagnation. In solchen wirtschaftlich schlechten Zeiten steigt die Arbeitslosigkeit, es wird nicht mehr so viel investiert, und die Menschen geben nicht mehr so viel Geld für Dinge aus, die sie nicht unbedingt brauchen. Statt eines neuen Fahrrads wird dann eben das alte noch mal repariert und die Urlaubsreise wird auf bessere Zeiten verschoben.

Auch dem Staat geht es dann schlechter. Denn wenn die Menschen weniger verdienen, zahlen sie auch weniger Steuern. Und diese Steuern fehlen dann dem Staat zum Ausgeben. Gleichzeitig muss der Staat aber mehr Geld ausgeben, weil ja viele Menschen keine Arbeit haben und von ihm unterstützt werden müssen.

Was muss geschehen, damit es wirtschaftlich wieder aufwärts geht?

Ganz wichtig ist es in solchen Zeiten, dass die Waren nicht zu teuer werden, damit die Menschen sich weiterhin Dinge leisten können und die Unternehmen damit Geld verdienen. Die Zinsen für Kredite sollten ebenfalls niedrig sein, damit die Unternehmen sich Geld leihen und in die Firma stecken können. In Deutschland geht es dabei den Unternehmen im Gegensatz zu vielen Entwicklungsländern, wie etwa in Afrika, noch gut. Denn bei uns gibt es viele Banken, bei denen sich die Unternehmen Geld leihen können, um damit zum Beispiel neue Maschinen zu kaufen. Eine gute Schul- und Universitätsausbildung der Bevölkerung ist ebenfalls wichtig, damit die Unternehmen auch wieder neue Mitarbeiter einstellen, denn die Unternehmen brauchen vor allem fähige Angestellte. Genauso wichtig für das Wirtschaftswachstum ist aber auch ein funktionierendes Gesundheitswesen, das heißt gute Ärzte und moderne Krankenhäuser. Stellt euch vor, Mitarbeiter von Unternehmen müssten oft zu Hause bleiben, weil sie krank sind. Das wäre für die Unternehmen schlecht, weil sie dann weniger produzieren könnten. Es würde aber auch den Mitarbeitern bestimmt nicht gefallen, den ganzen Tag krank zu Hause zu sitzen.

Kann ein Staat auch Pleite gehen?

Ihr wisst, dass der Staat Schulen und Straßen baut und viel Geld dafür ausgibt, dass es uns in Deutschland so gut geht – und das muss bezahlt werden. Wie eure Eltern hat er zwei Möglichkeiten, das alles zu bezahlen: entweder durch sein laufendes Einkommen, das man mit dem Gehalt deiner Eltern vergleichen kann, das jeden Monat auf ihr Konto überwiesen wird, oder mit der Aufnahme eines Kredits. Wenn der Staat das macht, spricht man von Staatsverschuldung.

Das laufende Einkommen des Staates besteht zum größten Teil aus Steuern, welche die Bürger bezahlen müssen. Ein Anteil des Gehalts eurer Eltern geht immer als Einkommensteuer an den Staat, und wenn ihr etwas kauft, zahlt ihr Umsatzsteuer. Sind diese laufenden Einnahmen des Staates zu gering, um seine Ausgaben zu bezahlen, so muss er einen Kredit aufnehmen, den er dann natürlich – genau wie jeder normale Bürger – später mit Zinsen an die Kreditgeber zurückzahlen muss.

In Deutschland beschäftigen sich einige Experten – die Schuldenmanager – mit der Frage, wie der Staat seine Schulden aufnehmen soll. In der Regel erfolgt die Verschuldung durch die Ausgabe von Wertpapieren. Solche Wertpapiere könnt ihr oder eure Eltern kaufen. Für viele Menschen ist das eine sehr sichere Art, ihr Geld anzulegen. Denn ein solches Wertpapier beurkundet, dass der Käufer des Wertpapiers dem Staat Geld geliehen hat. Und wenn ihr dem Staat Geld leiht, gibt er es euch nach einer festgelegten Laufzeit zu einem vereinbarten Zinssatz wieder zurück. In Deutschland kann jeder sicher sein, dass der Staat das auch wirklich

macht. Grundsätzlich können die meisten Wertpapiere, welche die deutsche Bundesregierung ausgibt – die Bundeswertpapiere –, von jedermann gekauft werden, also sowohl von Privatpersonen als auch von Banken und Versicherungen.

Wenn ihr ein Wertpapier kauft, müsst ihr es nicht behalten, sondern könnt es auch an andere Interessenten weiterverkaufen, zum Beispiel an der Börse. Hierüber wird die Bundesregierung aber nicht informiert, sodass man nicht genau sagen kann, wem Deutschland das Geld im Einzelnen schuldet. Die meisten Wertpapiere werden aber von großen Institutionen wie Banken und Versicherungen gekauft.

Nimmt der Staat mehr Kredite auf, als er zurückzahlt, dann geschieht wiederum genau das, was auch jedem Bürger passiert, der sich so verhält: Der Schuldenberg wird immer größer, und es könnte jetzt passieren, dass der Staat irgendwann seine Schulden samt Zinsen nicht mehr zurückzahlen kann. Er wäre zahlungsunfähig und müsste den Staatsbankrott erklären. Und die Besitzer der Wertpapiere bekämen ihr Geld nicht mehr zurückgezahlt.

Die Gefahr für einen solchen Staatsbankrott ist aber eher gering. Seit mehr als 50 Jahren ist keine große Industrienation, wie Deutschland eine ist, zahlungsunfähig geworden. Wenn in Entwicklungsländern ein Staatsbankrott droht, bekommen sie von den reichen Ländern meistens früh genug Hilfe, damit dieser Fall nicht eintritt. Das geschieht etwa, indem die Entwicklungsländer mehr Zeit bekommen, ihre Schulden zurückzuzahlen, oder indem ihnen ihre Schulden sogar ganz oder teilweise erlassen werden.

Damit so etwas erst gar nicht passiert, ist die Möglichkeit der Staatsverschuldung in vielen Ländern begrenzt. In Deutschland darf die Bundesregierung in einem Jahr nicht mehr Kredite aufnehmen, als sie zum Beispiel in neue Autobahnen und Eisenbahnstrecken investiert. Nur in ganz besonderen Ausnahmesituationen gilt dieses Verbot nicht. In Europa haben alle Länder, in denen man mit dem Euro bezahlen kann, verabredet, nicht zu viele Schulden zu machen. Jedes Land darf in einem Jahr nur so viele neue Schulden machen, dass diese Schulden nicht größer sind als 3 Prozent des euch bereits bekannten Bruttoinlandsprodukts. Alle Schulden zusammen, die ein Staat jemals gemacht und noch nicht zurückgezahlt hat, dürfen nicht mehr sein als 60 Prozent des Bruttoinlandsprodukts. Hält sich ein Land nicht an diese Verabredung, können die anderen Länder beschließen, dass das Land mit den hohen Schulden eine Strafe bezahlen muss.

Markus Koch

Warum kostet ein Brot heute mehr als vor 50 Jahren?

Sicher haben dir deine Eltern schon einmal erzählt, dass früher vieles billiger war. Ich kann mich auch noch daran erinnern, dass ein Brötchen 30 Pfennige gekostet hat – heute sind es etwa 40 Cent, also mehr als doppelt so viel.

Als die Eltern von deinem Opa und deiner Oma noch Kinder waren, kostete ein neues Auto weniger als heute vielleicht dein Fahrrad. Von deinen 10 Euro Taschengeld konnten damals die Leute vielleicht einen ganzen Monat ihre Miete für die Wohnung bezahlen. Damals war wirklich alles viel billiger. Hört sich doch super an, oder? Nun stell dir aber vor, du kriegst plötzlich nur noch jeden Monat 5 Cent Taschengeld. Um die Miete von 10 Euro zahlen zu können, müsstest du nun über 16 Jahre dein ganzes Taschengeld ins Sparschwein stecken – erst dann hättest du 10 Euro zusammen. Auch wenn die Preise damals niedriger waren, mussten die Leute trotzdem lange Zeit dafür arbeiten. Die Mietpreise waren zwar niedriger, aber auch die Arbeit wurde schlechter bezahlt.

Die Tatsache, dass sich die Preise und dein Taschengeld im Lauf der Zeit erhöhen, nennt man »Inflation«. Das ist eine ganz normale Sache. Es ist nicht schlimm, solange die Preise nicht besonders stark und furchtbar schnell steigen. Verdienen die Leute gleichzeitig auch mehr Geld – und du kassierst mehr Taschengeld –, hat sich für dich eigentlich nichts verändert. Wenn der Preis für eine Zahnbürste von 2 auf 3 Euro steigt und dein Taschengeld klettert gleichzeitig von 10 auf 15 Euro, ist es doch eigentlich egal, oder?

Inflation ist eine ganz normale Sache, aber es kann auch vorkommen, dass die Dinge billiger werden. Das nennt man dann »Deflation«. Die Preise verändern sich, weil viele verschiedene Dinge beeinflussen, wie teuer etwas ist. Einmal kommt es darauf an, was es kostet, etwas herzustellen. Muss der Bäcker mehr für sein Mehl bezahlen, muss er auch mehr für das Brot berechnen. Außerdem ist es entscheidend, wie viele Menschen etwas kaufen möchten. Will keiner ein Brot kaufen, wird der Bäcker sein Brot billiger anbieten, damit er es verkaufen kann. Streiten sich aber fünf Kunden um die letzte Torte, kann er dafür einen höheren Preis verlangen.

Bestimmt jemand, dass manche Sachen immer teurer werden?

Hast du schon einmal für ein gutes Zeugnis besonders viel Taschengeld bekommen? Oder haben dir deine Eltern wegen schlechter Noten das Taschengeld vielleicht gestrichen? Das ist ziemlich ärgerlich, denn: Ohne Moos nichts los. Wenn du kein Geld hast, erscheint dir alles teuer. Ob nun das Kino, die neue Jeans oder der iPod. Hast du dagegen etwas mehr Geld, kommt dir alles billiger vor. Deine Eltern handeln eigentlich wie eine Zentralbank. Sie drucken dein Taschengeld zwar nicht selbst – hoffe ich jedenfalls –, aber sie entscheiden, wie viel bei dir landet. Je mehr sie dir geben, desto billiger erscheint dir alles. Wenn sie aber den Geldhahn zudrehen und das Sparschwein wegschließen, dann kommt dir alles teuer vor. Ob also etwas teurer oder billiger wird, entscheiden bei dir zu Hause deine Eltern. In Europa macht das die Zentralbank.

Was passiert bei einer Inflation?

Wenn du dir gerne Sachen kaufst, brauchst du Geld – für einen Kinobesuch etwas weniger, für einen Computer mehr. Stellen wir uns vor, auf deiner Einkaufsliste steht gerade ein neuer Computer. Um genug Geld dafür zu verdienen, könntest du natürlich das Auto deiner Eltern so oft waschen, bis der Lack abgeht. Da du allerdings nicht so viel Zeit hast und es außerdem viel spaßigere Dinge im Leben gibt, verlangst du statt der

üblichen 5 Euro ab sofort 10 Euro fürs Autowaschen. Wenn deine Eltern darauf eingehen, bleibt ihnen entweder weniger zum Sparen oder sie müssen selbst in der Firma zu ihrem Chef gehen und mehr Geld verlangen. Jetzt hat die Firma den schwarzen Peter. Wenn nun deine Eltern mehr verdienen wollen, zahlt der Chef die Gehaltserhöhung vielleicht aus eigener Tasche. Wollen aber alle Kollegen deiner Eltern jetzt auch mehr Geld, kann sich die Firma das nicht leisten. Also erhöht der Chef einfach die Preise. Wenn er beispielsweise Computer herstellt, dann werden diese teurer.

Und schon rennt die Katze im Kreis und es beginnt eine riesige Preis-Spirale. Wenn der Computer teurer wird, dann werden nämlich auch viele andere Sachen teurer – Autos zum Beispiel. Denn die Herstellung von Autos wird heutzutage komplett von Computern überwacht. Und wenn die Computer teurer werden, dann muss der Autohersteller irgendwie an mehr Geld herankommen: Er erhöht also die Preise für seine funkelnden Neuwagen.

Na, da kann selbst der Bäcker in deinem Dorf nicht wirklich feiern. Denn um seine Brötchen auszuliefern, braucht er ein Auto. Das kann er sich jetzt aber nur noch dann leisten, wenn er auch seine Brötchen ein wenig teurer macht. Wenn die Brötchen für den Hamburger aber teurer werden, müssen nun zum Beispiel auch McDonald's und Burger King die Preise anheben. Denn sonst verdienen die auch nicht mehr genug, wenn dir ein Hamburger serviert wird.

Wenn die Hamburger aber teurer werden, die du so gerne isst, dann ... ja, dann brauchst du schon wieder mehr Geld. Du siehst: Die Spirale führt am Ende wieder zu dir zurück.

Was hat die Zentralbank mit der Inflation zu tun?

Wir haben gerade gesehen: Ob etwas billig oder teuer ist, hängt davon ab, wie viel Geld du in der Tasche hast. Während deine Eltern das Taschengeld kontrollieren, das dir gegeben wird, kontrolliert die Zentralbank, wie viel Geld dem ganzen Land zur Verfügung steht. Das geht zum Beispiel über die Zinsen. Steigen die Preise zu schnell an, setzt die Notenbank die Zinsen herauf – sie macht also das Geld teurer.

Dazu ein Beispiel: Wir erinnern uns an den Computer auf deinem Einkaufszettel. Angenommen, du hast wirklich keine Zeit mehr, das Auto deiner Eltern öfter zu waschen. Deine Eltern wollen dir aber auch nicht einfach doppelt so viel zahlen wie bisher. Dann kannst du dir vielleicht Geld von deinen Eltern ausleihen.

Deine Eltern haben aber leider auch nicht genug Geld auf dem Konto, und so müssen sie sich Geld von der Bank leihen. Das heißt: Sie nehmen einen Kredit auf. Die Bank wiederum holt sich das Geld von der Zentralbank. Die verleiht das Geld aber nicht einfach so, sondern will auch etwas dafür haben. Die Bank muss also der Zentralbank Zinsen bezahlen. Und deine Eltern bezahlen der Bank Zinsen, und zwar ein bisschen mehr, als die Bank an die Zentralbank zahlt. Denn schließlich will hier jeder was verdienen.

Wenn nun die Zentralbank will, dass weniger Geld im Umlauf ist, dann erhöht sie die Zinsen für die Banken. Damit werden Kredite für die Banken und auch für deine Eltern teurer. Je teurer es aber wird, sich Geld zu leihen, desto weniger Leute werden das tun, um sich Sachen zu kaufen. Damit wird weniger Geld ausgegeben und die Preise steigen langsamer an. Die Inflation ist gebremst.

Für dich kann es übrigens richtig gut sein, wenn die Zinsen hoch sind. Denn dann zahlt die Bank auch dir mehr Zinsen auf dein Sparbuch, und so bekommst du mehr Geld.

Was passiert bei einer Deflation?

Bei einer Deflation geben die Leute ihr Geld nicht mehr aus, sondern halten es zurück. Sie sparen. Wenn aber keiner mehr etwas kauft, dann bleiben die Verkäufer auf ihren Jeans, iPods und Autos einfach sitzen. Damit überhaupt noch jemand einkauft, sind sie bereit, all diese wunderbaren Dinge billiger zu verkaufen und weniger zu verdienen. Immerhin ist es ja besser, ein bisschen Geld zu verdienen als gar nichts. Und außerdem ist so ein Computer oder iPod in der nächsten Woche vielleicht schon gar nicht mehr modern?!

Stell dir vor, deine Eltern wollen mehr Geld sparen. Sie wollen dir für das Autowaschen nicht mehr wie bisher 5 Euro geben, sondern sie wollen es lieber selbst machen. Damit sieht es für dich auf einen Schlag ziemlich mies aus. Den neuen Computer kannst du jedenfalls erst mal abschreiben und selbst das Kino kannst du dir nicht mehr leisten. Du kannst allerdings deine Eltern überreden, dir statt 5 Euro zumindest noch 3 Euro zu zahlen. Damit hätten sie ein bisschen Geld gespart, du hättest aber auch wieder ein wenig in der Tasche. Aber willst du die wenigen Kröten wirklich mit einem Kinobesuch aus dem Fenster schmeißen? Man weiß ja nie, auf welch dumme Gedanken deine Eltern sonst noch kommen könnten. Vielleicht drehen sie den Geldhahn doch noch komplett zu? Weil du auf Nummer Sicher gehen willst, sparst du das Geld also lieber, schließlich weißt du ja nicht, ob du auch in Zukunft bei deinen Eltern etwas dazuverdienen kannst.

Geht es aber nicht nur dir so, sondern all deinen Freunden auch, dann geht bald gar keiner mehr ins Kino. Jetzt steht der Kinobesitzer ganz schön im Regen, da er nichts mehr verdient. Ganz alleine hockt er in dem großen Vorführraum und schaut sich die Filme an. All das Popcorn und die vielen Snacks muss er selbst essen. Er überlegt, wie er dich und deine Freunde wieder anlocken kann. Zuerst versucht er es mit einem größeren Plakat und mehr Werbung. Wenn ihr dann immer noch nicht wieder ins Kino geht, kommt er vielleicht auf die gleiche Idee, die du auch schon hattest: Er macht die Kinokarten billiger. Wenn für 10 Euro niemand ins Kino kommt, dann vielleicht für 5 Euro.

Übrigens muss der Kinobesitzer nun auch kräftig sparen und legt jeden müden Euro auf die hohe Kante. Wer weniger verdient, muss sparen. Statt mit seiner Frau immer fein ins Restaurant zu gehen, schmiert er ihr abends ein paar Butterbrote. Auch viele andere Leute gehen nicht mehr ins Restaurant, weil sie ebenfalls weniger Geld verdienen. Der Chef des Restaurants kommt schließlich auf die gleiche Idee wie der Kinobesitzer und du selbst: Er macht sein Essen billiger. Dann werden vielleicht wieder einige Gäste angelockt und der Kinobesitzer geht wenigstens einmal pro Woche essen, aber mehr verdienen tut das Restaurant trotzdem nicht. Na ja, die Pommes kosten jetzt statt 2 Euro nur noch 1 Euro. Um das Gleiche zu verdienen, müssen jetzt also mindestens zwei Portionen verkauft werden.

Weil in dem Restaurant nicht mehr genügend Geld in der Kasse landet und der Inhaber weniger verdient, gibt er seinem Sohn – einem Schulkameraden von dir – weniger Taschengeld. Vielleicht zahlt auch er jetzt nur noch 3 Euro statt der bisherigen 5 Euro für ein Mal Autowaschen – wie deine Eltern. Du siehst: Auch hier schließt sich der Kreis. Je weniger Geld ausgegeben wird, desto weniger verdienen die Leute, und dann geben sie noch weniger aus.

Kann es zu einer Deflation kommen, wenn ich mein Geld zu Hause sammle und nicht zur Bank bringe?

Da kann man nur sagen: Das ist doch viel zu schade um das schöne Geld! Stell dir vor, man würde eine fleißige Biene einfach in einem Glas einsperren. Die brummt und surrt ganz wild herum – wie von der Biene gestochen. So wie die Biene umherschwirren und arbeiten will, möchte auch das viele Taschengeld einen Nutzen haben. Wenn es so langweilig unter dem dunklen Kopfkissen liegt, wird es nachher noch schimmlig ...

Wenn das Geld nicht mehr arbeiten darf, kriegen ganz viele Leute riesige Schwierigkeiten. Je weniger Geld ausgegeben wird, desto weniger verdienen die Leute. Denken wir noch einmal an den Kinobesitzer zurück. Der sitzt heute Abend in einem leeren Kino und hat Hunger. Außerdem muss er die Miete bezahlen. Da er kein Geld in der Kasse hat, nimmt er einen Kredit auf. Das heißt: Er leiht sich Geld bei der Bank.

Die Bank würde ihm ja gerne Geld geben, aber sie muss das Geld auch erst bekommen. Natürlich kann sie sich an die Zentralbank wenden, doch das ist teuer. Normalerweise holt sich die Bank also woanders Geld, zum Beispiel von dir – schließlich hast du Geld auf deinem Sparbuch liegen. Die Bank darf es sich von dir leihen, und dafür zahlt sie dir wiederum Zinsen.

Aber du glaubst ja, dass dein Geld unter der Matratze besser aufgehoben ist als bei der Bank. Dein Konto ist also leer und die Bank steht ziemlich dumm da. Sie kann dem Kinobesitzer kein Geld leihen, weil sie selbst keines hat. Das ist schlecht für den Kinobesitzer. Er kann seine

Rechnungen nicht mehr bezahlen und muss sein Kino dichtmachen. Und so wie ihm geht es auch vielen anderen.

Das führt wieder dazu, dass immer weniger Geld ausgegeben wird. Die Preise werden noch mal gesenkt, damit die Leute wenigstens ein bisschen einkaufen. Damit aber verdienen die Verkäufer wieder weniger Geld und ihre Angestellten auch, die dann wieder weniger ausgeben. Die Preise sinken immer weiter, und so hast du eine Deflation ausgelöst, weil du dein Geld unter dem Kopfkissen gesammelt hast.

Natürlich müsstest du sehr, sehr viel Geld zurückhalten, um deine Bank wirklich in Schwierigkeiten zu bringen. Wenn aber du und alle deine Freunde und alle deren Freunde und alle anderen Kinder im ganzen Land ihre Münzen sammeln, dann kann das schon einmal bedeuten, dass der Eisverkäufer vor dem Schwimmbad seinen Stand schließen muss. Und das wäre doch schade, oder?

Günter Ogger

Wie funktioniert die Börse?

Mit Aktien kann man schnell reich werden und sich all die schönen Sachen kaufen, von denen ihr träumt: ein cooles Handy, schicke Klamotten, vielleicht sogar einen Porsche.

Mit Aktien kann man aber auch schnell arm werden und alles verlieren, was ihr besitzt: das Sparbuch, die Rücklage für die Zukunft, das Taschengeld.

Also, was sind das für seltsame Dinger, diese Aktien?

Eine Aktie ist nichts anderes als ein Stück Papier – und dazu eines, das man noch nicht mal in die Hand bekommt. Ein Papier, das die Bank behält. Und doch ist es ein höchst interessantes Papier.

Wer ein solches Papier besitzt, dem gehört ein winziger Teil einer großen Firma. Zwar sind nicht alle Firmen Aktiengesellschaften, aber von den meisten der wirklich großen und bedeutenden Firmen gibt es Aktien. Von Porsche zum Beispiel oder von BMW, von Adidas oder von Nokia.

Damit diese Firmen Autos herstellen können, Turnschuhe oder Handys, brauchen sie viel Geld, das nennt man Kapital. Denn sie müssen Fabriken bauen, Maschinen kaufen und Leute einstellen, ehe sie den Betrieb aufnehmen. Das Kapital besorgen sie sich an der Börse.

Die Börse ist eigentlich nur ein großer Marktplatz

An der Börse treffen sich die Leute, die Geld haben und gern mehr daraus machen wollen – und solche, die Geld brauchen für ihre Fabriken. Dieser Marktplatz sieht heutzutage allerdings ein bisschen anders aus als der Wochenmarkt, auf dem man Äpfel oder Salatköpfe kauft. An der Börse wird nur mit Papieren gehandelt – mit Aktien eben.

Die größte deutsche Börse hat ihren Sitz in Frankfurt. Das ist ein schönes altes Gebäude mit einem ziemlich großen Saal in der Mitte. In diesem Saal laufen, sobald die Börse den Betrieb eröffnet, viele Leute in weißen Hemden umher und brüllen unverständliche Laute. Das sind die Börsenmakler. Sie brüllen, dass sie kaufen oder verkaufen wollen, zu diesem oder jenem Preis. Doch die Zeit der berühmten brüllenden Makler geht allmählich zu Ende. Seit es Computer gibt, braucht man kein Geschrei in der Börse mehr. Die Kauf- und Verkauf-Aufträge werden in aller Stille vom Rechner aus erledigt. Die leise Computerbörse heißt Xetra und wickelt bereits den größten Teil des Aktiengeschäfts ab.

Dieses ist ein seltsames Geschäft. Jeden Tag werden für viele Millionen Aktien ge- und verkauft. Je nachdem, ob mehr Käufer oder mehr Verkäufer auftreten, steigen oder sinken die Preise für die einzelnen Aktien. Diese Preise nennt man Kurse, und die verändern sich beinahe in jeder Sekunde. Der Grund dafür ist, dass niemand eigentlich genau weiß, was so eine Aktie wirklich wert ist.

Was kostet eine Aktie?

Zwar haben viele Aktien einen so genannten Nennwert, der in der Regel fünf Euro beträgt, er sagt aber wenig über den wahren Wert einer Aktie aus. Der Nennwert ist ein rein rechnerischer Wert: Multipliziert man den Nennwert mit der Gesamtzahl der Aktien, die es von einer Firma gibt, dann hat man das Stammkapital, mit dem die Firma wirtschaftet. Andersherum ausgedrückt: Die Firma teilt ihr Stammkapital einfach in Fünf-Euro-Teile auf und bietet diese an der Börse zum Kauf an.

Wer eine Aktie kauft, will jedoch mehr als nur einen Fünf-Euro-Anteil am Stammkapital. Er will einen Anteil an der ganzen Firma. Und die besteht nicht nur aus Kapital, sondern aus Menschen und Maschinen, aus

Produkten und Service-Leistungen, aus Ideen und Plänen für die Zukunft. Ein erfolgreiches Unternehmen ist deshalb mehr wert als sein Stammkapital – und seine Aktie ein Vielfaches ihres Nennwertes.

Jeder weiß, dass es im Wirtschaftsleben ein stetiges Auf und Ab gibt. Wer heute erfolgreich ist, kann morgen pleite sein, und mancher, der heute ums Überleben kämpft, ist morgen vielleicht ein strahlender Sieger. Eure Eltern erinnern sich bestimmt noch an die ersten Computer, die es bei uns zu kaufen gab. Sie hießen Commodore C64 und waren der große Renner. Wer kennt heute noch eine Firma, die Commodore heißt? Eben. Sie wurde von Konkurrenten, die schneller, besser und billiger waren, aus dem Markt gedrängt. Ein ähnliches Schicksal drohte auch der Firma Apple, die den berühmten Mac erfand. Doch anders als Commodore brachte Apple immer wieder pfiffige neue Produkte wie den iPod auf den Markt – und überlebte nicht nur, sondern erzielte einen der größten Geschäftserfolge der letzten Jahre.

Das richtige Gespür ist wichtig

Das Auf und Ab der Firmen auf den Märkten ist die eigentliche Triebfeder der Aktienbörse. Die Aktienkäufer suchen die Sieger von morgen, die Verkäufer trennen sich von den Siegern von gestern. Aber wer ist Sieger, wer Verlierer?

Maßstab für den Erfolg eines Unternehmens ist der Gewinn. An der Börse kommt es allerdings nicht so sehr auf die Höhe der Gewinne von heute an wie auf die von morgen. Der Grund ist klar: Macht eine Firma heute einen hohen Gewinn, dann ist ihre Aktie bereits teuer. Die Aussichten auf weitere Kursgewinne sind begrenzt. Kauft man hingegen die Aktie einer Firma, die erst am Anfang eines kometenhaften Aufstiegs steht, kann man damit richtig viel Geld verdienen.

Wer zum Beispiel Anfang der 80er-Jahre seine Ersparnisse in Aktien einer jungen Firma namens Microsoft anlegte, braucht heute unter Umständen nicht mehr zu arbeiten. Ihr wisst, das ist die Firma, die das Windows-Betriebssystem liefert, mit dem derzeit fast alle PCs ausgerüstet sind. Damals kostete eine Microsoft-Aktie ganze 19 Cent. Im Januar 2000 war dieselbe Aktie 55 Dollar wert. Aus 10 000 Dollar wurden so in wenigen Jahren 2,9 Millionen Dollar – eine Steigerung um 29 000 Prozent. Dann allerdings ging es auch mit Microsoft bergab. Der Kurs hat sich inzwischen fast halbiert, doch Microsoft-Gründer und Großaktionär Bill Gates ist nach wie vor der reichste Mann der Welt.

Entscheidend für den Erfolg an der Börse ist das, was erfahrene Spekulanten »das passende Timing« nennen, also das Gespür für den richtigen Zeitpunkt des Ein- und Ausstiegs. Aktionäre, die rechtzeitig das Milliardengeschäft mit den Handys rochen und Nokia-Aktien kauften, als die finnische Firma gerade anfing, ihre Produktion von Gummistiefeln auf Mobiltelefone umzustellen, verdienten ähnlich gut wie die Microsoft-Anteilseigner. Blieben sie jedoch auf ihren Papieren sitzen, als der Markt bereits gesättigt war und fast jeder von euch Kids sein eigenes Handy in der Tasche hatte, verloren sie einen Teil ihrer Gewinne wieder.

Nun kommt nicht jeden Tag eine Firma wie Microsoft oder Nokia frisch an die Börse, und die Auswahl unter den vielen tausend Aktien, die es zu kaufen gibt, ist eine äußerst schwierige Aufgabe. Das fängt schon damit an, dass sich die Firmen, die ihre Aktien über die Börse verkaufen wollen, so vorteilhaft wie möglich darstellen. Sie dürfen zwar nicht schwindeln, aber ein bisschen Aufschneiden ist erlaubt. Wer also glaubt, man bräuchte nur die Geschäftsberichte der Firmen anzusehen und schon hätte man die Sieger von morgen herausgefunden, der ist ziemlich naiv.

Wie aussichtsreich die Aktien einer Firma sind, hängt ja nicht nur von der Art ihrer Produkte ab, sondern auch von ihrer Ausstattung mit Kapital, von der Qualität ihrer Manager und Mitarbeiter, von den erzielbaren Preisen und der Entwicklung der Märkte. Ihr werdet zugeben, dass es eine harte Nuss ist, das alles bei einer unübersehbaren Zahl von Firmen herauszufinden. Hinzu kommt, dass der Aktienmarkt seine eigenen Gesetze hat.

Sind die Leute, die sich für Aktien interessieren, in guter Stimmung, dann rechnen sie mit einem weiteren Kursanstieg und zahlen hohe Preise. Man spricht dann von einem »Bullenmarkt«. Wehe aber, wenn die Stimmung umkippt und sich Pessimismus breit macht. Dann sind die skeptischen »Bären« in der Überzahl, die sich schleunigst von ihren Papieren trennen wollen. Die Kurse purzeln, und die Aktionäre, die noch nicht verkauft haben, werden jeden Tag ein bisschen ärmer. Verwirrend, nicht wahr?

Dax und Dow Jones

Um ein wenig Ordnung in das Chaos zu bringen, haben sich die Börsianer – das sind jene Menschen, die mit Aktien Geld verdienen wollen – ein paar nützliche Instrumente einfallen lassen. Eines davon ist der Index. Bei uns heißt er »Dax«, das ist die Abkürzung für Deutscher Aktienindex, in den USA »Dow«, nach der Firma Dow Jones, die ihn erfunden hat. Der Index bildet die Kurse der 30 bedeutendsten Unternehmen ab und fasst in einer einzigen Zahl die Stimmung an der Börse zusammen. Wenn es in den Abendnachrichten heißt: »Der Dax stieg um 15 Punkte auf 4365«, dann bedeutet das, dass die Stimmung heute ganz in Ordnung war.

Am Dax oder Dow kann man ablesen, wie hoch die Aktien bewertet werden. Anfang der 90er-Jahre erreichte der Dax gerade mal 2000 Punkte, dann folgte ein lang anhaltender Anstieg bis auf 8000 Punkte, die im März 2000 erreicht wurden. Wer in dieser Zeit Aktien kaufte und nicht ganz danebengriff, konnte also gutes Geld verdienen. Die meisten Leute aber begannen erst dann, sich für Aktien zu interessieren, als die Kurse ihren höchsten Stand erreicht hatten. Danach ging es steil bergab – der Dax stürzte von seinem 8000er-Gipfel bis auf 2250 Punkte herunter. Das war im März 2003. In den drei Jahren dazwischen war es wirklich sehr schwer, an der Börse kein Geld zu verlieren.

Inzwischen geht es wieder aufwärts, und es könnte sich lohnen, wenn ihr euch mit dem Thema beschäftigt. Aber Vorsicht: Aktien sind keine sichere und berechenbare Geldanlage wie ein Sparbuch, ein Pfandbrief oder eine Bundesanleihe. Die meisten Aktien bringen zwar auch regelmäßige Erträge, die Dividenden, aber die sind oft sehr gering und schwer zu kalkulieren. Dividenden zahlt eine Firma nur, wenn sie ordentliche Gewinne gemacht hat. Einen Teil der Gewinne zahlt sie an die Aktionäre aus, den anderen behält sie für Investitionen. Man weiß also nie, wie hoch die Dividende im nächsten Jahr ausfallen wird. Noch schwerer zu kalkulieren ist allerdings die Entwicklung der Kurse. Deshalb sollte man grundsätzlich nur solches Geld an der Börse anlegen, das man für keinen anderen Zweck benötigt. Selbst dem erfahrensten Aktionär kann es nämlich passieren, dass er die Entwicklung falsch einschätzt und sein Einsatz verloren geht.

Tipps für Aktieneinsteiger

Ein paar Hinweise können euch helfen, die Chancen auf einen Gewinn zu verbessern – eine wirkliche Garantie, dass es klappt, sind sie jedoch nicht.

1. Man sollte nicht alles Geld, das man an der Börse anlegen möchte, auf eine einzige Aktie setzen. Das Risiko, dass man eine Niete gezogen hat, ist zu groß.
2. Wer auf eines der 30 Dax-Unternehmen setzt, verringert zwar das Risiko eines Totalverlustes, hat aber auch weniger Chancen auf den ganz großen Gewinn.
3. Die wichtigste Kennziffer, nach der die Börsianer den Wert einer Aktie beurteilen, ist das KGV (Abkürzung für Kurs-Gewinn-Verhältnis). Hier wird der aktuelle Börsenkurs einer Firma durch den Gewinn, den sie pro Aktie erzielt, geteilt. In Deutschland liegt das durchschnittliche KGV bei 15, in den USA bei 20.
4. Ein niedriges KGV spricht zwar dafür, dass die Aktie günstig bewertet ist, es sagt aber nichts darüber aus, ob sie ein großes Gewinnpotenzial hat.
5. Gewinnstarke und schnell wachsende Unternehmen werden für gewöhnlich mit einem hohen KGV bewertet, sind also teuer. Und dennoch können teure Aktien eine bessere Anlage sein als extrem billige.

6. Manchmal ist es vernünftiger, die Aktie einer Firma zu kaufen, die einem durch ein gutes Produkt, einen hippen Laden oder durch ihre Werbung aufgefallen ist – anstatt auf das KGV zu achten. Kids haben oft ein besseres Gespür für das, was gerade »in« ist als ein alternder Banker.
7. Man sollte nie auf den »todsicheren Tipp« anderer Leute hören. Die suchen wahrscheinlich nur einen Dummen für die Papiere, die sie selbst gerne loswerden wollen.
8. Lasst euch nicht von Freunden verführen, die sich mit ihren »sagenhaften« Gewinnen brüsten. Oft steckt nur Angeberei dahinter.
9. Aktien kauft man dann, wenn die Kurse stark gefallen sind und die angeblichen Fachleute vor dem Risiko warnen.
10. Wenn alle Welt wild auf Aktien ist, dann sollte man ans Aussteigen denken.

Aktien kauft man, das wisst ihr vermutlich bereits, über eine Bank oder Sparkasse. Die macht das freilich nicht umsonst, sondern berechnet für jeden Kauf oder Verkauf Spesen. Außerdem bewahrt sie die Aktien für euch auf und verlangt dafür auch noch Depotgebühren. Fragt also vorher genau, was so ein Geschäft kostet. Billiger als die normalen Geldhäuser erledigen die so genannten Direktbanken den Aktienhandel. Wer ein Konto bei Direktbanken wie Consors, Diba oder NetBank hat, kann von zu Hause aus mit dem PC Aktien kaufen oder verkaufen. Damit kein anderer das Online-Geschäft stören kann, braucht man dazu allerdings eine geheime PIN-Nummer, mit der man sich einloggt, und für jeden einzelnen Vorgang auch noch die entsprechende TAN-Nummer.

Für Bequeme: Aktienfonds

Wenn Banken etwas noch lieber verkaufen als Aktien, dann sind es Fonds. Die seien sicherer als einzelne Aktien, sagen sie. Was sie nicht sagen, ist, dass die meisten Fonds den Banken gehören und sie an ihnen ganz ordentlich verdienen. Wer Anteile an einem Fond kauft, muss erstens einen so genannten Ausgabeaufschlag von etwa fünf Prozent und zweitens jährliche Managementgebühren bezahlen. Dafür braucht man sich dann nicht mehr um die Auswahl der richtigen Aktien zu kümmern. Ein Aktienfond ist nämlich nichts anderes als ein großer Haufen Geld, den professionelle Fonds-Manager dazu benutzen, Aktien zu kaufen. Wer Anteile an einem Fond kauft, kauft also im Grunde ein Bündel Aktien. Das Geld ist dort allerdings nur dann sicherer angelegt, wenn die Fonds-Manager zur rechten Zeit die richtigen Papiere kaufen und verkaufen. Dass sie das nicht immer können, haben die hohen Kursverluste bewiesen, die manche Fonds in den letzten Jahren erlitten haben.

Ihr seht, das Aktiengeschäft ist spannend und vielfältig, aber auch gefährlich. Geht immer vorsichtig mit eurem Geld um und riskiert nicht zu viel davon an der Börse.

Dr. Rolf-E. Breuer

Was macht die Bank mit meinem Geld?

»Mama, die Spardose ist voll. Bringst du das Geld wieder zur Bank oder soll ich mir nicht besser einen MP3-Player kaufen?«, fragt Caroline ihre Mutter.

»Nun mach mal halblang, Caroline«, ruft Mama genervt zurück. »Dein Geburtstag ist vorbei, Geschenke hast du wahrlich genug bekommen, jetzt solltest du wieder mal ans Sparen denken.«

»Sparen ist doch uncool, macht keinen Spaß und meine Freundinnen haben alle schon längst einen MP3-Player. Immer bin ich die Letzte. Dann kriege ich aber einen zu Weihnachten!«

»Das sehen wir dann«, schallt es von Mama zurück. »Übrigens, Caroline, ich habe heute sowieso einiges in der Stadt zu besorgen, da kann ich bei der Bank vorbeischauen und das Geldeinzahlen gleich mit erledigen. Vielleicht möchtest du mitgehen?«

»Ja, ich habe heute sowieso nichts vor, und dann kann ich mal schauen, was in einer Bank so passiert.«

»Schön, aber vergiss nicht, dein Sparbuch mitzunehmen!«

»Okay.«

Bei der Fahrt in die Stadt kommen die beiden ins Gespräch.

»Warum bringen wir überhaupt das Geld zur Bank?«

»Weißt du«, sagt Mama, »das Geld ist dort viel besser aufgehoben. Du kannst dein Geld nicht verlieren und es kann dir auch nicht gestohlen werden. Selbst wenn die Bank überfallen wird, brauchst du dir keine Sorgen zu machen, denn die Bank ist gut versichert – bestimmt besser als wir. Du bekommst dein Geld auf jeden Fall wieder.« Ach, so ist das, denkt Caroline, aber das kann doch nicht der einzige Vorteil sein. Sie hat Recht. Dann erzählt ihre Mama, dass die Bank ihr Zinsen zahlt und sich dadurch ihr Geld vermehrt, was es zu Hause nicht täte. »Zinsen bringen Gewinn«, sagt sie und lächelt dabei. Caroline will es aber genauer wissen.

»Was sind denn Zinsen?«

Mama überlegt, schließlich ist sie keine Expertin in solchen Dingen, findet aber doch schnell eine Antwort. »Zinsen sind Extrageld, das die Bank dir auf den eingezahlten Betrag obendrauf bezahlt. Meistens bekommst du die Zinsen am Jahresende. Je mehr du einzahlst und je länger du das Geld auf der Bank belässt, desto mehr Geld häuft sich über die Monate und Jahre an. Und es ist immer gut, ein wenig Geld für spätere Zeiten auf die Seite gelegt zu haben, beispielsweise wenn du nach deinem Abitur als Studentin auf die Universität gehst oder mal ein Haus bauen möchtest. Aber auch sonst fallen dir, wie ich dich kenne, 'ne Menge anderer Dinge ein.«

Wünsche gibt es unendlich viele …

»Klar. In ein paar Jahren möchte ich mir endlich ein Pferd kaufen und mit 16 einen Motorroller. Dann brauchst du mich nicht mehr zum Stall zu fahren. Und wenn ich 18 bin, will ich den Führerschein machen und ein Auto kaufen.«

»Da siehst du, dass du noch ganz schön viel Geld benötigen wirst. Wenn ich mir aber dein Guthaben auf dem Sparbuch anschaue, dann fehlt noch einiges, bis du dir das alles kaufen kannst. Vielleicht sollten wir uns einmal näher erkundigen, wie wir dein Geld noch besser anlegen können. Der nette Herr Rudolf von der Bank hat sicher eine gute Idee.«

Angekommen in der Stadt, finden die beiden einen Parkplatz direkt vor der Bank. Sie steigen aus dem Auto, werfen einen Blick auf das schöne Gebäude und gehen hinein. »Guten Tag, was kann ich für Sie tun?«, begrüßt sie die junge Frau am Empfang. »Wir möchten gerne mit Herrn

Rudolf sprechen.« »Tut mir Leid, aber wie ich sehe, ist er im Moment noch mit einem Kunden im Gespräch. Wenn Sie bitte noch ein paar Minuten Geduld hätten, ich sage ihm Bescheid, dass Sie da sind. Er wird dann gleich auf Sie zukommen.« »Sehr nett von Ihnen, vielen Dank«, antwortet Mama.

Was würden wir nur ohne Automaten machen?

Sie wendet sich Caroline zu und sagt: »Du, ich gehe in der Zwischenzeit schon mal da drüben an den Automaten und bezahle unsere Handwerkerrechnungen, indem ich das Geld vom Konto überweise. Und dann lasse ich mir gleich Kontoauszüge ausdrucken, um zu wissen, wie viel Geld noch auf dem Konto ist. Warte bitte hier, ich komme gleich wieder zurück.« »In Ordnung«, sagt Caroline.

Der Chef kommt persönlich

Caroline schaut sich ein wenig im Schalterraum um. Es wird viel telefoniert, Leute sprechen miteinander – so leise, dass kein anderer etwas hört. Andere wiederum stehen am Schalter und füllen Formulare aus oder warten in einer Sitzecke und schauen im Fernsehen die neuesten Nachrichten an. Auf einmal sieht sie einen großen Mann am Empfang stehen. Er unterhält sich mit der freundlichen Empfangsdame und schaut dabei zu Caroline herüber. Und dann kommt er langsam auf sie zu. »Guten Tag, kleines Fräulein, darf ich fragen, wer du bist?«, spricht er sie freundlich an und beugt sich zu ihr runter. »Guten Tag, ich heiße Caroline und warte auf meine Mama. Sie holt gerade Geld. Und Sie sind …?« »Stephan Schuster heiße ich und bin der Leiter dieser Bankfiliale. Die Empfangsdame sagte mir, du und deine Mutter würden auf Herrn Rudolf warten.« Spontan hält sie ihm ihre Plastiktasche hin. »Hier ist das Geld aus meiner Spardose und mein Sparbuch drin. Eigentlich wollte ich ja einen MP3-Player kaufen, aber Mama meint, auf dem Sparbuch bringt es Zinsen, und schließlich will ich mir später mal was Größeres kaufen.« »Na, du bist aber ein schlaues Kind«, antwortet er und nimmt die Tasche entgegen. »Frau Schlöter«, sagt er zu der blonden Frau, die gerade vorbeikommt, »seien Sie doch bitte so freundlich und lassen Sie das Geld zählen und auf dem Sparbuch der jungen Dame gutschreiben.« »Mache ich gerne«, sagt sie und geht fort.

»Wenn du möchtest, Caroline, können wir uns hierher setzen und uns ein wenig unterhalten, bis deine Mama wieder da ist. Herr Rudolf hat nämlich heute leider keine Zeit mehr.« Sie nehmen beide in einer bequemen Sitzgruppe im Schalterraum Platz. Caroline, neugierig, wie sie nun mal ist, nutzt ihre Chance und stellt Herrn Schuster ein paar Fragen, die sie schon länger interessieren.

»Was ist eigentlich ein Konto?«

»Du kannst ein Konto mit einer Schublade vergleichen, in der du etwas aufbewahrst. Auf jeder Schublade steht eine Nummer und der Name desjenigen, dem die Sachen in der Schublade gehören. Dein Sparbuch ist auch so ein Konto – es ist ein Sparkonto mit einer Kontonummer, lautet auf deinen Namen und bewahrt dein Geld auf. Alle Informationen über dein Konto kann ich im Computer nachlesen. Neben Sparkonten gibt es auch andere Konten. Termingeldkonten zum Beispiel, wenn du einen höheren Geldbetrag etwas länger bei uns anlegen möchtest. Dafür bekommst du dann auch mehr Zinsen. Oder frag doch mal deine Eltern, wie sie die monatliche Miete für eure Wohnung, die Mitgliedsbeiträge für den Sportverein oder die Gebühren für Telefon, Internet und Fernsehen bezahlen.

Sie werden dir bestimmt antworten: ›Das läuft alles übers Konto.‹ Auch wenn jemand Geld für seinen Job bekommt, wird ihm das Geld in der Regel nicht bar auf die Hand gezahlt, sondern auf sein Konto überwiesen. Mit Bargeld wird also immer seltener bezahlt. Das Konto ist sozusagen die Drehscheibe des Bankgeschäfts – das Konto für den täglichen Bedarf nennt man übrigens Girokonto.«

»Kann ich auch schon ein Girokonto haben?«

»Wenn deine Eltern einverstanden sind, geht das. Für Schüler, Auszubildende und Studierende bieten wir ein so genanntes ›Junges Konto‹ an. Es kostet keinen Cent. Deine Eltern könnten dein Taschengeld von ihrem Konto auf dein Konto überweisen und du kannst dann selbst darüber verfügen.«

»Was meinen Sie mit verfügen?«

»Verfügen heißt, dass du selbst Geld vom Konto abheben kannst, wenn du welches brauchst. Dazu erhältst du eine Kundenkarte ...« Caroline erinnert sich und unterbricht: »Das ist doch so eine blaue Karte, die man in den Automaten steckt, eine 4-stellige Geheimnummer und einen Betrag eingibt, und dann wirft der Automat das Geld durch einen Schlitz aus. Das kenne ich von meinen Eltern, die machen das oft so, insbesondere abends oder am Wochenende, wenn Sie Ihre Bank geschlossen haben.« Herr Schuster nickt zustimmend. »Dann will ich so ein Girokonto mit Karte unbedingt haben, da muss ich gleich mit Mama reden!«

In diesem Moment kommt Frau Schlöter zurück und übergibt Caroline ihr Sparbuch mit den Worten: »Ich habe dir 72 Euro auf dem Sparbuch gutgeschrieben.« Caroline freut sich, blickt sie jedoch ein wenig fragend an.

»Was heißt denn, Geld gutschreiben?«

»Ganz einfach. Ich habe dein Geld an unserer Kasse eingezahlt, und als Beweis dafür hat der Computer in dein Sparbuch Folgendes gedruckt – schau mal, hier steht: 15. August 2005, also heute, Einzahlung 72 Euro, das ist deine Gutschrift auf dem Konto. In der letzten Spalte siehst du die Zahl 650,25 Euro. Das ist dein aktuelles Guthaben, dieser Geldbetrag gehört dir.« »Und wenn ich mein ganzes Geld haben möchte, könnte ich das jetzt haben, und haben Sie überhaupt so viel im Tresor?«, fragt Caroline nach. »Ja, selbstverständlich, das haben wir.«

»Wie viel Geld hat die Bank eigentlich im Tresor?«

»Aus Sicherheitsgründen haben wir so wenig Geld wie möglich dort liegen«, antwortet Frau Schlöter. »Allerdings müssen wir mindestens so viel Geld hier haben, wie wir, oder besser gesagt unsere Kunden, für das tägliche Geschäft benötigen. Und aus langer Erfahrung weiß ich, wie viel Bargeld die Kunden täglich ungefähr einzahlen und abheben – ob an der Kasse oder am Geldautomaten. Das ist mal mehr, mal weniger. Ich muss daher jeden Abend den Bargeldbestand für den nächsten Tag mit der Landeszentralbank disponieren, das heißt mit ihr absprechen. Wenn ich zu wenig Geld habe, bringt ein Geldtransporter neues Geld von der Zentralbank, umgekehrt nimmt er Geld dorthin mit, wenn im Banktresor zu viel Geld ist.«

Die Bank hilft beim Geldsparen

»Ich hätte auch gern viel Geld. Schön wärs …«, bedauert Caroline und bedankt sich noch bei Frau Schlöter für ihre Hilfe. Herr Schuster möchte Caroline aber fürs Sparen gewinnen und sagt: »Wir haben eine Vielzahl von interessanten Angeboten, wie du zu mehr Geld und Zinsen kommen kannst.« Da kommt Mama vom Geldholen zurück. Caroline läuft ihr freudig entgegen: »Du, der Herr Schuster hat ganz tolle Vorschläge. Dann muss ich auch nicht mehr so lange auf mein eigenes Pferd warten.« »Wenn Sie möchten«, wirft Herr Schuster ein, »dann mache ich für Sie einen festen Termin mit Ihrem Kundenberater Herrn Rudolf aus, bei dem Sie alles in Ruhe besprechen können. Ich gebe Ihnen diese Broschüre schon mal zum Durchblättern mit. Einzelheiten bespricht er dann mit Ihnen. Ich erzähle ihm von unserem Gespräch, wir müssen aber jetzt zusammen einen anderen Termin bei einem Kunden wahrnehmen.« »Prima«, meint Caroline, und auch Mama ist einverstanden. Herr Schuster begleitet die beiden zum Ausgang. Auf dem Weg möchte Caroline noch eine letzte Frage loswerden.

»Was macht die Bank eigentlich mit dem Geld?«

»Wir versuchen gute Geschäfte zu machen, auch mit deinem Geld.« »Wie? Mit meinem Geld und ohne mich zu fragen?« »Ja, du musst dir das ungefähr so vorstellen: Wir nehmen dein Geld und das Geld aller unserer Kunden und bilden einen großen Geldtopf. Daraus leihen wir Geld an ganz viele Leute wieder aus. Das heißt, wir geben diesen Leuten Kredite. Der eine braucht 10 000 Euro für eine neue Wohnungseinrichtung, ein anderer möchte sich für 200 000 Euro ein Haus kaufen und so weiter. Mit einem Kredit können die Leute sich heute schon Dinge leisten, obwohl sie noch nicht genügend Geld angespart haben.« »Toll, mir geht es genauso. Dann hätte ich jetzt von Ihnen gerne einen Pferde- und Motorrollerkredit, später einen Autokredit und anschließend einen Studentenkredit«, antwortet Caroline schlagfertig. »Hoppla, so schnell geht das leider nicht. Du musst erst 18 Jahre sein, solltest einen Arbeitsplatz haben und regelmäßig Geld verdienen, damit du den Kredit auch wieder pünktlich zurückzahlen kannst.«

»Kostet denn der Kredit auch was?«

»Ja. Geld bei der Bank auszuleihen ist nicht kostenlos. Du musst der Bank für den Kredit Zinsen zahlen; dafür zahlt schließlich die Bank dir und jedem anderen Sparer Zinsen auf die Sparguthaben. Aber der Zinssatz für den Kredit ist höher als der für die Spargelder.« »Das ist aber unfair!«, meint Caroline und ergänzt: »Ist das bei jeder Bank so?« »Ja, das ist überall so. Du musst wissen, dass eine Bank nicht umsonst arbeiten kann: Sie muss ihre Mitarbeiterinnen und Mitarbeiter bezahlen, Computer und Möbel kaufen und Miete für ihre Gebäude zahlen. Das kostet alles viel Geld, und deshalb muss die Bank immer mehr Zinsen aus den Krediten einnehmen, als sie ihren Sparkunden an Zinsen wieder auszahlt.«

Vertrauen ist der Anfang von allem

Caroline hat verstanden. »Aber wie kann die Bank sicher sein, dass die Leute das Geld auch wieder zurückzahlen mit all den Zinsen?« »Recht hast du mit dieser Frage, Caroline. Schließlich ist es ja auch dein Geld, das die Bank als Kredit ausleiht. Die Bank darf wirklich nicht leichtsinnig sein und blind jedem Kunden einfach so Kredit geben. Wir müssen auf Nummer Sicher gehen und ganz genau prüfen, ob jeder, der einen Kredit möchte, auch kreditwürdig ist. Das sind wir unseren Sparern und damit auch dir schuldig. Du brauchst also keine Angst zu haben, dass dein Erspartes verloren geht.« Caroline ist beruhigt und sagt beim Hinausgehen: »Ihnen vertraue ich. Ich freue mich schon auf unseren nächsten Termin in Ihrer Bank. Tschüs, bis dann ...«

Kai Pflaume

Wie funktioniert das Bezahlen ohne Geld?

Wie bezahlt ihr, wenn ihr euch etwas kaufen wollt? Blöde Frage, denkt ihr jetzt wahrscheinlich. Ist doch logisch: Geldbeutel raus, der Kassiererin Münzen oder Scheine hinlegen, fertig!

Ja, klar ist das so einfach. Zumindest dann, wenn ihr euch alltägliche Dinge kauft, etwa ein Päckchen Kaugummi für 70 Cent oder ein Micky-Maus-Heft für 2 Euro.

Aber ihr habt bestimmt auch schon mal erlebt, dass eure Eltern nicht genug Geld dabeihatten – zum Beispiel, weil eure neuen Klamotten 100 Euro kosteten und sie nicht gern so viel Geld mit sich herumtragen. Die meisten Menschen haben nicht gerne viel Bargeld dabei, weil sie es unangenehm finden oder weil sie Angst haben, es könnte gestohlen werden. Manchmal entdeckt man dann zufällig den CD-Spieler, den man schon immer haben wollte, im Sonderangebot und hat nicht genügend Geld dabei.

Gut, wenn sich da die Möglichkeit auftut, spontan doch zuzuschlagen – nämlich bargeldlos.

Zahlen mit der EC-Karte

Früher haben die Leute oft mit einem Euro-Scheck bezahlt. Das war ein fälschungssicheres Papier, auf das man den Betrag geschrieben hat, den man dem Geschäft schuldet. Das Geschäft konnte den Scheck dann bei der Bank einreichen, und die hat das Geld vom Konto des Kunden auf das Konto des Geschäfts überwiesen. Damit der Scheck gültig war, mussten die Kunden noch eine Scheckkarte dazu vorzeigen.

Heute zahlt man nur noch selten mit Schecks. Aber die Scheckkarte ist geblieben. Sie heißt jetzt EC-Karte und man kann mit ihr bezahlen – und das sogar ziemlich bequem. EC heißt »electronic cash«. Die EC-Karte ist eigentlich eine Kundenkarte der Bank, auf der das EC-Zeichen aufgedruckt ist. Das bedeutet, dass die Karte für »electronic cash«, also elektronisches Bezahlen, geeignet ist.

Mit der EC-Karte kann man im Geschäft bezahlen, ohne dabei Geldscheine zu benutzen. Das geht aber nur dann, wenn das Geschäft auch die Möglichkeit hat, die Karte zu »lesen«. Wenn ihr also bei einem Freund Schulden habt, könnt ihr die in der Regel natürlich nicht mit der EC-Karte zahlen.

Das Bezahlen geht so: Die EC-Karte ist eine kleine Plastikkarte. Sie hat auf der Rückseite einen schwarzen Streifen, den Magnetstreifen. Der wird beim Bezahlen durch ein Terminal an der Kasse gezogen. Der Magnetstreifen ist ein Datenträger, auf dem Infos stehen, wie etwa die Geheimzahl, Kontonummer und Bankleitzahl. Das Gerät überprüft diese Daten. Das Kartenlesegerät des Händlers baut über die Telefonleitung eine Verbindung zur zuständigen Bank auf. Der Kunde muss dann seine persönliche Geheimzahl, auch PIN genannt, eingeben. Mit dieser Telefonleitung werden die abgerufenen Daten elektronisch versandt. Die Bank überprüft dann, ob die Daten stimmen und ob genug Geld auf dem Konto ist. Wenn ja, kommt ein »O. K.« zurück, und der Betrag wird vom Konto des Käufers direkt abgebucht und auf das Konto des Händlers überwiesen.

Manche Karten können auch noch mehr: Auf den Karten sind Symbole, die anzeigen, was man mit der Karte alles machen kann, so zum Beispiel die Nutzung an Geldautomaten, Electronic-Cash-Zahlungen (Inland), Maestro-Zahlungen (Ausland) oder den Geldkarten-Chip. Im Prinzip ist die Kundenkarte wie ein Pizzateig, auf den dann erst der Belag geworfen wird. Es gibt immer wieder Neuerungen bei den Symbolen auf der Karte, so wird zum Beispiel das EC-Symbol demnächst wahrscheinlich durch das Maestro-Symbol abgelöst werden.

Mit den meisten EC-Karten kann man auch am Geldautomaten Geld abheben. Dazu steckt man die Karte in den Automaten. Der fragt nach der Geheimnummer, der PIN. Wenn man die eingegeben hat, gibt man noch an, wie viel Geld man gerne hätte. Hat man das ebenfalls getan, spuckt der Automat Geld aus. Natürlich teilt der Automat das der Bank mit, die das ausgegebene Geld gleich vom Konto des Karteninhabers abzieht. Geld bekommt man also nur, wenn auch genügend auf dem Konto ist. Ansonsten heißt es: Pech gehabt.

Bezahlen mit der Kreditkarte

Kreditkarten werden von Banken oder Kreditkartenfirmen herausgegeben. Die bekanntesten habt ihr sicher schon mal gesehen, etwa Visa oder American Express. Auch die Kreditkarte ist ein Plastikkärtchen mit einem Magnetstreifen auf der Rückseite.

Für viele ist die Kreditkarte auch ein Statussymbol, also ein Gegenstand, mit dem man seine Stellung in der Gesellschaft zeigen kann. Denn es gibt sie nicht nur als Standard-Ausführung, man bekommt sie auch als Goldkarte. Und wenn man besonders gut betucht ist, darf man sich auch eine Platinkarte in den Geldbeutel stecken. Diese Karten kosten mehr als die

einfache Karte, außerdem muss man ein bestimmtes Einkommen haben, damit man sie überhaupt bekommt. Viele Leute fühlen sich wohl einfach besser, wenn sie im Restaurant oder im Geschäft eine Luxuskarte hinlegen können, denn dann weiß der andere gleich Bescheid.

Aber eine Goldkarte hat auch tatsächlich Vorteile: So ist man automatisch mit allen möglichen Versicherungen eingedeckt. Wer etwa seine Urlaubsreise mit einer goldenen Kreditkarte bezahlt, ist damit unfall- oder reiseversichert.

Für die meisten Leute ist die Kreditkarte die bequemste Art, weltweit zu bezahlen, denn im Ausland wird eine EC-Karte nicht überall akzeptiert und sowieso nur dann, wenn das Maestro-Zeichen drauf ist.

Woher hat die Kreditkarte ihren Namen?

Wenn ich mit der Kreditkarte zahle, werden die Umsätze in der Regel gesammelt und die Gesamtsumme einmal im Monat abgebucht. Der Vorteil: Das Geld ist nicht sofort vom Konto weg. Wenn ich weiß, dass auf meinem Konto gerade Ebbe ist, dann zahle ich mit der Kreditkarte. Bis das Geld abgebucht wird, habe ich ja vielleicht wieder Geld auf meinem Konto. Das Kreditkartenunternehmen gibt mir sozusagen einen Kredit, weil es mir den Kaufpreis vorstreckt. Und zwar so lange, bis es das Geld vom Konto abbucht. Deswegen heißt die Kreditkarte auch so.

Manchen Geschäften ist es gar nicht so recht, wenn die Kunden mit der Kreditkarte zahlen wollen. Denn die Geschäfte müssen den Kreditkartenunternehmen drei Prozent des Kaufpreises abgeben, wenn ein Kunde mit dieser Karte zahlt.

Ist das Bezahlen mit einer Karte sicher?

Die Banken und Kreditkartenunternehmen versuchen natürlich, das Bezahlen mit der Karte so sicher wie möglich zu machen. So muss man beim Bezahlen entweder unterschreiben, wobei der Verkäufer dann die Unterschrift mit der auf der Kartenrückseite vergleicht, oder man muss eine persönliche Identifikationsnummer haben, die PIN oder auch Geheimnummer, die in das Kartenlesegerät eingetippt werden muss. Diese PIN darf nur der Karteninhaber kennen. So soll gewährleistet werden, dass niemand mit einer Karte bezahlen kann, die ihm nicht gehört.

Betrüger versuchen, nicht nur die Karte zu klauen, sondern auch noch an die Geheimnummer zu kommen. Denn damit kann man bei jedem

Geldautomaten Geld abheben – oder mal eben einen Flachbildschirmfernseher im Elektro-Geschäft für 3000 Euro kaufen und mit der gestohlenen EC-Karte zahlen.

Es gibt zahlreiche Tricks, wie die Betrüger an die Geheimzahl kommen. Leider fallen die Karteninhaber immer wieder darauf rein. Wenn ich die Tricks alle aufzählen wollte, wäre der Text wahrscheinlich länger, als das Buch überhaupt Platz hat.

Wichtig ist, dass ihr ein paar Punkte beachtet, wenn ihr irgendwann einmal selbst eine Karte habt (vielleicht habt ihr ja auch schon eine …):

Die Geheimzahl (PIN) ist wirklich geheim. Ihr solltet sie NIEMANDEM verraten, nicht mal eurem allerbesten Freund – und natürlich schon gar nicht Fremden.

Versucht euch die PIN zu merken. Falls ihr das nicht schafft, schreibt sie auf und versteckt den Zettel an einem sicheren Ort.

Die notierte PIN und die EC-Karte dürfen NIEMALS zusammen im Geldbeutel stecken. Wenn ihr den Geldbeutel verliert oder er euch gestohlen wird, haben die Täter leichtes Spiel. Sie können im Nu euer Konto leer räumen oder teure Sachen kaufen.

Wenn ihr die PIN irgendwo eintippt, dann lasst euch dabei nicht auf die Finger schauen. Haltet am besten die andere Hand darüber, damit niemand sehen kann, welche Nummer ihr eingebt.

Online Banking – die Bank von zu Hause aus besuchen

Manchmal müssen eure Eltern Geld überweisen, zum Beispiel die Miete für die Wohnung an den Vermieter. Dem tragen sie natürlich nicht das Geld in bar hin und sie zahlen auch nicht mit EC- oder Kreditkarte. Das Geld geht einfach vom Konto eurer Eltern auf das Konto des Vermieters. Dafür geht man zur Bank: Die Bank bucht das Geld vom Konto deiner Eltern ab und dem Empfänger aufs Konto. Dafür gibt es spezielle Formulare, die deine Eltern dort ausfüllen können.

Doch seit einigen Jahren geht das Überweisen auch von zu Hause aus, nämlich mit Online Banking. Was eure Eltern dazu brauchen, ist nur ein Computer mit Internetzugang. Zudem muss man der Bank noch mitteilen, dass man Online Banking machen will.

Dann gibt die Bank eine PIN-Nummer und eine Liste mit TAN-Nummern (Transaktionsnummern) heraus. Um Geld zu überweisen, muss man sich erst einmal mit der PIN-Nummer identifizieren. Und für jede Überweisung muss man aus der Liste der TAN-Nummern eine eingeben. Sind alle TAN-Nummern verbraucht, muss man bei der Bank eine neue Liste anfordern.

Ist Online Banking auch sicher?

Normalerweise macht man Bankgeschäfte nur über eine verschlüsselte Verbindung (SSL). Auf ein paar Dinge solltet ihr trotzdem achten:

Stellt sicher, dass die URL der Bank mit »http« beginnt, bevor ihr PINs und TANs eingebt. Die URL darf auch keine Abweichungen der gewohnten Adresse enthalten.

Achtet beim Online Banking darauf, dass die Verbindung verschlüsselt stattfindet. Dies erkennt ihr unter anderem an dem kleinen Schloss-Symbol unten rechts im Browser.

Speichert sensible Daten wie Kreditkartennummern, PINs und TANs niemals auf der Festplatte ab. Die Informationen könnten von Fremden gelesen und missbraucht werden.

Wählt euer Passwort sorgfältig aus: Vermeidet gängige Begriffe und Eigennamen. Ein sicheres Passwort besteht aus mindestens sechs Zeichen und enthält eine Mischung aus Groß- und Kleinbuchstaben sowie Sonderzeichen und Ziffern. Ändert euer Passwort von Zeit zu Zeit.

Und noch ein Tipp zum Schluss:

Es klingt ja alles so einfach: Wenn ich kein Geld dabeihabe, benutze ich einfach die Karte – mit der kann ich mir alle Wünsche erfüllen. Doch viele junge Leute haben sich damit leider schon ruiniert. Auch wenn ihr eine Karte habt: Behaltet immer euren Kontostand im Auge. Lasst euch nicht verführen, über eure Verhältnisse zu leben. Denn Schulden zu machen ist leichter, als sie hinterher wieder zurückzuzahlen!

Cherno Jobatey

Warum gibt es eigentlich den Euro?

In der Zeit nach dem Zweiten Weltkrieg, vor etwas mehr als 50 Jahren, gab es in Westeuropa das Bestreben, enger zusammenzurücken und mehr miteinander als gegeneinander zu leben. So wollte man Kriege verhindern und die Kriegsfolgen leichter gemeinsam verarbeiten. Dieser Prozess des europäischen Zusammenwachsens führte zu verschiedenen Vereinen, etwa zur gemeinsamen Nutzung von Kohle und Stahl (Montanunion 1951). 1957 wurden die Römischen Verträge für die Europäische Wirtschaftsgemeinschaft unterzeichnet. Diese EWG war der Vorläufer für die heutige EU, die Europäische Union. Die daraus resultierende Zollunion half den Kaufleuten. Wenn ein Hamburger Kaufmann beispielsweise Regenschirme von Deutschland nach Italien exportierte, musste er jetzt keine Zölle mehr zahlen. Zoll gab es nur noch, wenn er Ware von außerhalb der Europäischen Union einkaufte und hier weiterverkaufen wollte.

In allen Ländern Europas gab es unterschiedliches Geld

Ein Problem aber blieb: In den unterschiedlichen Ländern gab es verschiedene Währungen (siehe die Aufstellung auf den folgenden Seiten).

Vielleicht erinnert ihr euch noch: Bis vor ein paar Jahren haben wir in Deutschland mit der D-Mark bezahlt.

Und dieses Geld war zu unterschiedlichen Zeiten, aber auch in unterschiedlichen Gegenden verschieden viel wert. Man bekam nicht überall das Gleiche dafür, der Wert des Geldes war nicht stabil.

1970 hatte ein Luxemburger namens Pierre Werner die Idee einer Europäischen Wirtschafts- und Währungsunion mit einer einheitlichen Währung. Also hätte der Hamburger Kaufmann in Italien für seine Regenschirme das gleiche Geld bekommen, mit dem er auch in Hamburg hätte einkaufen können. Klingt vertraut, nicht wahr?

Doch dieser Werner-Plan hatte erst einmal keine Chance. Bis es so weit war, ging noch einige Zeit ins Land. Aber man näherte sich dem Ziel in kleinen Schritten: Anfang der 70er gab es erst den Europäischen Wechselkursverband, dann, sieben Jahre später, das Europäische Währungssystem. Es ging darum, die Schwankungen der Währungen untereinander auszugleichen, also dafür zu sorgen, dass das Geld überall in Europa etwa gleich viel wert war. Dazu kam man auf die Idee einer Verrechnungseinheit für die unterschiedlichen Landeswährungen. Es wurde also festgelegt, wie das Verhältnis der Währungen zu diesem theoretischen Wert sei. Getauft wurde diese Europäische Geldeinheit mit dem englischen Wort »European Currency Unit«, aber jeder sprach nur von ECU (ausgesprochen: Ekü). Jetzt wusste der Hamburger Kaufmann also immer, wie viel Mark er in etwa für das italienische Geld bekam. Dieser ECU war der Vorläufer des Euros. Nun waren eigentlich sehr viele für ein gemeinsames Geld, aber der Weg dorthin war noch lang.

Um den Namen »Euro« wurde lange gestritten

Politiker stritten sich um den Namen des Geldes, das so viele wollten. Die Franzosen wären gerne beim Kunstwort ECU geblieben. Europäischer Gulden und Europäischer Franken waren auch unter den vielen Kandidaten. Der Vorteil dieser Ableitungen von bekannten Namen wäre eine Kontinuität gewesen, die mancher gerne gehabt hätte. 1995 beschloss man dann in Madrid den Namen Euro.

1999 wurden die Währungen in ihrem Verhältnis zum Euro festgelegt, also wie viel Mark ein Euro wert ist, wie viel Gulden ein Euro wert ist, wie viel Francs ... Seitdem rechneten alle Banken bei ihren internen Geschäften in Euro, auch um sich schon mal daran zu gewöhnen. Erst zum Jahresbeginn 2002 kam dann der Euro als Zahlungsmittel für uns alle.

Mit der Gestaltung des neuen Euros hat man sich viel Mühe gegeben: Wasserzeichen und Sicherheitsfaden gabs schon vorher, aber jetzt kann man durch einen besonderen Druck unter anderem die Zahlen fühlen. Hält man einen Schein gegen Licht, sieht man Wasserzeichen, Faden und auch noch ein Durchsichtregister. Beim Bewegen erkennt man das Hologramm und die Zahl im Folienstreifen. Auf der Rückseite werden ein Glanzeffekt und eine Färbung sichtbar. Ganz toll wird es, wenn man den Schein unter UV-Licht hält: Das Papier leuchtet nicht, die eingearbeiteten Fasern dafür umso mehr in Rot, Blau und Grün.

Unter dem folgenden Link der Bundesbank kann man sich die Erkennungsmerkmale ganz genau ansehen. Auch die Münzen aller Länder und die Geldscheine sind mit Vorder- und Rückseite abgebildet:

http://www.bundesbank.de/bargeld/bargeld_banknoten_sicherheitsmerkmale.php

Alle am Eurosystem teilnehmenden Länder:

- **Belgien**
  Frühere Währung: belgischer Franc
  Die Rückseite der Münzen zeigt: das Porträt des belgischen Königs Albert II.
  Mitglied des Euroverbundes seit: 01.01.1999

- **Deutschland**
  Frühere Währung: D-Mark (Deutsche Mark)
  Die Rückseite der Münzen zeigt: auf den Euro-Münzen den Bundesadler, auf den größeren Cent-Münzen das Brandenburger Tor und auf den kleinen Kupfermünzen wie schon früher einen Eichenzweig.
  Mitglied des Euroverbundes seit: 01.01.1999

- **Finnland**
  Frühere Währung: finnische Markaa
  Die Rückseite der Münzen zeigt: auf der 2-Euro-Münze die dort weit verbreitete Moltebeere; auf dem 1-Euro-Stück zwei Schwäne, die einen der zahlreichen finnischen Seen überfliegen; auf allen Cent-Münzen den Löwen, das finnische Wappentier.
  Mitglied des Euroverbundes seit: 01.01.1999

- **Frankreich**
  Frühere Währung: französischer Franc
  Die Rückseite der Münzen zeigt: auf den Euro-Münzen den Lebensbaum und den Schriftzug »Liberté, Égalité, Fraternité« (»Freiheit, Gleichheit, Brüderlichkeit«; den Leitspruch der Französischen Revolution 1789–1794); auf den Cent-Werten eine Säerin bzw. das Porträt der Nationalfigur »Marianne«, die ebenfalls die Revolution symbolisiert.
  Mitglied des Euroverbundes seit: 01.01.1999

- **Griechenland**
  Frühere Währung: griechische Drachme
  Die Rückseite der Münzen zeigt: Zeus, der in Gestalt eines weißen Stiers die Prinzessin Europa entführt (2 Euro), die Eule als Symbol der Weisheit (1 Euro) sowie herausragende Persönlichkeiten des Landes: Eleftherios Venizelos (50 Cent), Ioannis Capodistrias (20 Cent) sowie Rigas-Fereos Velestinlis (10 Cent). Auf den drei kleinsten Münzwerten sind ein modernes Tankschiff (5 Cent), eine Korvette (2 Cent) und das Modell einer antiken Athener Trireme (1 Cent) abgebildet.
  Mitglied des Euroverbundes seit: 19.06.2000

- **Irland**
  Frühere Währung: irisches Pfund
  Die Rückseite der Münzen zeigt: das nationale Symbol, die Harfe.
  Mitglied des Euroverbundes seit: 01.01.1999

- **Italien**

  Frühere Währung: italienische Lira

  Die Rückseite der Münzen zeigt: auf der 2-Euro-Münze den großen Dichter Dante, auf dem 1-Euro-Stück Leonardo da Vincis Zeichnung »Vitruvianischer Mann«; die Rückseiten der Cent-Münzen zeigen das Bildnis des römischen Kaisers Marc Aurel (50 Cent), die Skulptur »Das Symbol« von Boccioni (20 Cent), Botticellis »Venus« (10 Cent), das Kolosseum in Rom (5 Cent), den Turm der Mole Antonelliana in Turin (2 Cent) und das Castel del Monte (1 Cent).

  Mitglied des Euroverbundes seit: 01.01.1999

- **Luxemburg**

  Frühere Währung: luxemburgischer Franc

  Die Rückseite der Münzen zeigt: den Monarchen Großherzog Henri.

  Mitglied des Euroverbundes seit: 01.01.1999

- **Niederlande**

  Frühere Währung: niederländischer Gulden

  Die Rückseite der Münzen zeigt: das Bildnis von Königin Beatrix.

  Mitglied des Euroverbundes seit: 01.01.1999

- **Österreich**

  Frühere Währung: österreichischer Schilling

  Die Rückseite der Münzen zeigt: die Friedenskämpferin Bertha von Suttner (2 Euro), den Komponisten Wolfgang Amadeus Mozart (1 Euro), die Wiener Secession als bedeutendes Jugendstil-Bauwerk (50 Cent), das Barockschloss Belvedere (20 Cent) und den gotischen Stephansdom (10 Cent); Alpenprimel, Edelweiß und Enzian befinden sich auf den Kupfer-Cent-Münzen.

  Mitglied des Euroverbundes seit: 01.01.1999

- **Portugal**

  Frühere Währung: portugiesischer Escudo

  Die Rückseite der Münzen zeigt: drei verschiedene historische Siegel vom Gründer des portugiesischen Reiches, König Alfonso Henriques, aus dem 12. Jahrhundert.

  Mitglied des Euroverbundes seit: 01.01.1999

- **Spanien**
  Frühere Währung: spanischer Peso
  Die Rückseite der Münzen zeigt: König Juan Carlos I. auf den Euro-Münzen; auf den 10-, 20- und 50-Cent-Stücken ist der Schriftsteller Miguel de Cervantes zu sehen; auf den drei kleinsten Werten ist die Kathedrale von Santiago de Compostela abgebildet.
  Mitglied des Euroverbundes seit: 01.01.1999

- **Monaco**
  Frühere Währung: französischer Franc
  Die Rückseite der Münzen zeigt: auf der 2-Euro-Münze das Porträt von Fürst Rainier III., auf der 1-Euro-Münze das Doppelporträt der Fürsten Rainier III. und Albert; die Rückseiten der 10-, 20- und 50-Cent-Stücke zeigen das fürstliche Siegel, auf den 1-, 2- und 5-Cent-Stücken ist das fürstliche Wappen abgebildet.

- **San Marino**
  Frühere Währung: italienische Lira
  Die Rückseite der Münzen zeigt: auf der 2-Euro-Münze den Regierungspalast, auf dem 1-Euro-Stück das Staatswappen von San Marino; die Cent-Münzen zeigen die drei Festungstürme Guaita, Cesta und Montale (50 Cent), den Heiligen Marinus nach einem Gemälde von Guercino (20 Cent), die Pfarrei Basilica del Santo (10 Cent), den ersten Festungsturm des Monte Titano La Guaita (5 Cent), die Freiheitsstatue (2 Cent) und den dritten Festungsturm Il Montale (1 Cent).

- **Vatikanstadt**
  Frühere Währung: italienische Lira
  Die Rückseite der Münzen zeigt: das Porträt Seiner Heiligkeit Johannes Paul II.

Auch die »Zwergstaaten« sind beim Euro dabei

Die Vatikanstadt und San Marino sind von Italien umgeben, Monaco von Frankreich. Schon früher benutzten sie die gleiche Währung wie die sie umgebenden Länder. Deshalb nehmen sie ganz offiziell am Euro teil, obwohl sie gar keine Mitglieder der Europäischen Union sind. Sie prägen deshalb auch eigene Münzen. Wahrscheinlich wird es in nächster Zeit Veränderungen geben auf den Münzrückseiten von Monaco und Vatikanstadt, weil die jeweiligen Staatsoberhäupter, Fürst Rainier und Papst Johannes Paul II., vor nicht allzu langer Zeit gestorben sind. Da jetzt Prinz Albert in Monaco regiert und Benedikt der XVI. Papst ist, werden die Münzrückseiten wahrscheinlich geändert.

Andere Länder wie Andorra, das in den Pyrenäen zwischen Spanien und Frankreich liegt, aber auch Kosovo und Montenegro, die auf der Balkanhalbinsel liegen, benutzen den Euro inoffiziell als gängiges Zahlungsmittel in ihren Ländern, was in Andorra damit zu erklären ist, dass es wie San Marino oder der Vatikan von Euro-Ländern umgeben ist. Im Kosovo und in Montenegro hat es wohl damit zu tun, dass in diesen Ländern lange Krieg geherrscht hat und die einheimischen Währungen ein sehr geringes Ansehen genießen. Den Menschen dort scheint es einfach sicherer zu sein, in Euro zu bezahlen. Der Euro hat, wie ich oben zu erklären versucht habe, einen stabilen Wert, die Landeswährungen eher nicht.

Der Euro – einheitlich und doch verschieden

Man sieht an der Auflistung ganz gut, was die Absicht war bei der Gestaltung der Euro-Münzen: nämlich die Besonderheiten, die nationale Identität der einzelnen Länder zu betonen. Einige Länder zeigen ihren derzeitigen Herrscher, andere eine Pflanze, die es vornehmlich in diesem Land gibt, wie die Österreicher das Edelweiß. Wieder andere Länder zeigen etwas, das mit ihrer eigenen kulturellen Tradition zu tun hat, die Iren die Harfe, die Griechen die Schiffe, mit denen die Seefahrernation die Wege zwischen ihren vielen Inseln bewältigt hat. Bei der Gestaltung der Euro-Scheine ist die Europäische Zentralbank genau den entgegengesetzten Weg gegangen: Die Geldscheine sehen in allen Ländern gleich aus, sie zeigen Fenster und Türen auf den Vorderseiten und Brücken auf den Rückseiten. Dies sind keine tatsächlich existierenden, besonderen Fenster, Türen und Brücken, sondern ausgedachte. Der Hintergedanke dabei ist: Durch Fenster kann man hinaussehen, durch Türen ein- und austreten, Brücken verbinden Dinge über Hindernisse hinweg. Gezeichnet sind die Bauwerke übrigens in verschiedenen, in ganz West- und Mitteleuropa vertretenen Baustilen aus ganz unterschiedlichen Zeitaltern unserer gemeinsamen Geschichte.

Die Euro-Münzen und -Scheine zeigen also die europäische Idee, dass wir alle zusammen Europäer sind und jeder dennoch seine nationalen Eigenheiten pflegen kann. Das ist für die Erwachsenen wahrscheinlich wichtiger als für die Kinder. Die Großen waren nämlich so an »ihr« Geld gewöhnt, dass es ihnen sehr schwer fiel, es aufzugeben. Denkt mal daran, wie hart es sein kann, neu anzufangen, bei einem Umzug zum Beispiel in einer neuen Schule.

Drei Länder – Großbritannien, Dänemark und Schweden – haben sich aus genau diesem Grund in Volksabstimmungen gegen den Euro entschieden. Außerdem hatten viele Menschen in diesen Ländern Angst, dass die Europäische Union zu großen Einfluss auf die Politik und auf die Wirtschaft des eigenen Landes nehmen könnte.

Nicht jedes Land darf so einfach den Euro einführen

Andere Länder, vor allem die, die im Jahr 2004 frisch in die Europäische Union aufgenommen worden sind, also zum Beispiel Polen, Tschechien und Ungarn, möchten ebenfalls den Euro in ihren Ländern einführen. Dafür müssen sie aber, wie alle Länder, die schon mit Euro bezahlen, besondere Bedingungen erfüllen: Vor allem dürfen diese Länder, auch wenn sie sehr arm sind, keine hohen Schulden machen. Sie dürfen sich nur wenig Geld von Banken borgen. Die Wirtschaft dort muss ähnlich hoch entwickelt sein wie in den Ländern, die den Euro schon haben. Sonst würden die reicheren Länder die ärmeren mit ihrer Wirtschaftskraft regelrecht erdrücken. Es ist wie auf dem Schulhof: Wenn einer aus der sechsten Klasse mit einem aus der zweiten Streit anfängt, kann der sich schlecht wehren, weil er viel schwächer ist. Die Sache wird dann unfair. Deshalb müssen diese Länder erst ihre eigene Wirtschaftskraft entwickeln, bevor sie ebenfalls Mitglieder der Eurozone werden können.

Auch die Länder, die bereits den Euro haben, mussten überprüfen lassen, ob sie die so genannten Konvergenzkriterien erfüllen, bevor sie dabei sein durften. Konvergenzkriterien heißen die Regeln, die festgelegen, wie viele Schulden ein Land haben darf und wie stark die Wirtschaft entwickelt sein muss, um den Euro einführen zu können.

Falls ihr jetzt gleich runter zum Kiosk geht, um euch vom Taschengeld ´nen Satz Yogioh-Karten oder was auch immer zu kaufen, denkt mal daran, wie weit der Weg war, bis wir Dinge so einfach »holen gehen« konnten.

Franz Müntefering

Warum müssen die Menschen Steuern zahlen?

Steuern sind ein ganz großes Thema. Das ist nicht nur in Berlin unter uns Politikern so, sondern auch im Fernsehen und in den Zeitungen.

Fast jeder von euch kann sich sicher erinnern, dass auch die Eltern schon einmal über Steuern gesprochen haben: »Warum müssen wir eigentlich so viele Steuern zahlen? Das Leben ist doch sowieso schon teuer genug.«

Niemand gibt gerne etwas von seinem Geld ab. Steuern zu zahlen ist eigentlich immer ärgerlich. Deshalb klagen die meisten Menschen auch, die Steuern seien zu hoch. Wenn irgendjemand sagt, die Steuern seien eigentlich zu niedrig und der Staat bräuchte noch mehr Geld als bisher, muss er sich warm anziehen.

Sicherlich sollen die Steuern so niedrig wie möglich sein. Da sind sich alle einig und das ist auch richtig. Aber der Staat braucht Geld, um für uns alle wichtige und gute Sachen zu finanzieren.

Bei vielen Gesprächen, die ich führe, stelle ich fest, dass die Menschen sich manchmal wenig Gedanken darüber machen, was der Staat denn alles mit den Steuereinnahmen finanziert. Das ist nämlich eine ganze Menge.

Wofür werden die Steuern verwendet?

Das fängt schon an, wenn ihr morgens zur Schule aus dem Haus geht. Die Straßen auf eurem Schulweg werden natürlich von Baufirmen gebaut. Aber bezahlt werden diese Baufirmen vom Staat. Das Gleiche gilt für euer Schulgebäude – und natürlich für die Lehrer. Die bekommen dafür, dass sie euch unterrichten, ein Gehalt. Auch das zahlt der Staat von den Steuergeldern. Wenn ihr in einem Verein Sport treibt, dann hat der Staat auch damit zu tun: In den meisten Fällen hat er die Sportplätze und Schwimmhallen finanziert. Der Staat bezahlt auch die Polizisten, die Richter, die Soldaten und die Professoren in den Universitäten.

All diese Gruppen brauchen auch eine Ausrüstung: Die Polizisten benötigen Autos, Waffen, Funkgeräte, Handschellen und manches mehr, um ihre wichtige Aufgabe – nämlich die Sicherheit von uns allen – erfüllen zu können. Die Soldaten brauchen Waffen, Schiffe, Panzer und sogar Flugzeuge. Und die Professoren unterrichten ihre Studenten ja nicht auf der freien Wiese. Es müssen Universitäten gebaut werden – und das sind in der Regel riesige Gebäude.

Oder guckt euch eure Großeltern an: Wenn sie über 65 sind, dann arbeiten sie in der Regel nicht mehr und bekommen deshalb auch kein Gehalt. Stattdessen leben sie von ihrer Rente. Dafür haben sie ihr ganzes Leben lang Beiträge gezahlt, aber das reicht zur Finanzierung nicht. Der Rest wird aus Steuern finanziert – und das ist heute bereits mehr als ein Drittel der Rentenausgaben.

An all diesen Beispielen seht ihr also: Steuern sind notwendig und ganz wichtig.

Die Steuern dürfen nicht zu niedrig sein – aber auch nicht zu hoch

Eure Väter und Mütter können und dürfen natürlich bei weitem nicht ihr ganzes Gehalt als Steuern an den Staat abgeben. Die Unternehmen dürfen nicht mit so hohen Steuern belastet werden, dass es sich für sie gar nicht mehr lohnt, in Deutschland Arbeitsplätze zu schaffen.

Immer wenn ihr oder eure Eltern oder irgendjemand sonst etwas kauft – ob Süßigkeiten, Brot oder auch Autos –, wird ebenfalls eine Steuer fällig, die so genannte Umsatz- oder Mehrwertsteuer. Auch wenn ihr das nicht merkt, aber ein Teil des Preises, den ihr bezahlt, geht als Steuer an den Staat. Auch diese Steuer darf nicht zu hoch sein, sonst würden die Leute, die nur wenig Geld haben, nichts mehr kaufen können.

Dieses Beispiel zeigt: Auch ihr seid Steuerzahler – nämlich dann, wenn ihr euch etwas kauft.

Weil der Staat nicht zu viele Steuern erheben darf, muss er mit den Steuergeldern der Bürger und Unternehmer sparsam umgehen. Oft streiten sich die Politiker darüber, welche Aufgaben der Staat eigentlich hat, was der Staat alles mit Steuergeldern finanzieren soll und was nicht.

Was müssen wir uns unter dem »Staat« vorstellen?

Ich habe jetzt so viel vom Staat geredet: Was heißt das eigentlich – »Staat«?

Zum Staat gehören zum einen die Städte und Gemeinden, in denen ihr lebt. Und ihr wisst natürlich aus der Schule, dass es 16 Bundesländer gibt. Die gehören auch zum Staat. Und dann gibt es noch den Bund: Das ist die gesamte Bundesrepublik Deutschland.

Jede dieser Staatsebenen, jeder dieser Teile des Staates hat eigene Aufgaben, für die er Steuergelder braucht. So sind zum Beispiel die Bundesländer zusammen mit den Städten für eure Schulen verantwortlich. Der Bund, also die Bundesregierung unter der Leitung des Bundeskanzlers und der Deutsche Bundestag, das nationale Parlament in Berlin, ist etwa für die Bundeswehr verantwortlich.

Weil der Staat aus so vielen Teilen besteht und weil er so viele Aufgaben hat, weil niemand zu viel Steuern zahlen soll und weil es bei den Steuern gerecht zugehen soll, ist das Steuersystem etwas ganz Kompliziertes.

Steuern sollen auch das Verhalten der Menschen lenken

Es gibt nicht nur eine Steuer, sondern ganz viele verschiedene. Ich habe oben schon die Umsatzsteuer genannt. Wenn eure Eltern Steuern zahlen, dann ist das meistens ein Teil des Gehalts eures Vaters oder eurer Mutter. Das nennt man dann auch Lohn- oder Einkommensteuer.

Wenn ein Unternehmen Gewinne macht, dann muss es von diesen Gewinnen einen Teil als Steuer an den Staat zahlen. Das heißt ebenfalls Einkommensteuer und bei bestimmten, oft großen Unternehmen Körperschaftsteuer.

Die Einkommensteuer in Deutschland ist so aufgebaut, dass die Menschen, die viel Geld verdienen, einen größeren Teil ihres Einkommens als Steuer an den Staat abgeben müssen als die, die weniger verdienen. Ich finde das sehr gut und gerecht, dass die, die viel Geld verdienen, auch die Pflicht haben, mehr für die Allgemeinheit zu leisten. Sie können das auch.

Aber es gibt auch noch ganz andere Steuern. Immer dann, wenn eure Eltern an der Tankstelle tanken, wird ein Teil des Diesel- oder Benzinpreises als Steuer an den Staat abgeführt. Das nennt man Mineralöl- oder Ökosteuer. Die Bundesregierung hat diese Steuer vor ein paar Jahren in mehreren Schritten erhöht. Der Grund war nicht nur, dass sie mehr Geld brauchte: Sie wollte auch ganz bewusst das Benzin, das wir alle tanken, teurer machen, damit jeder Autofahrer für sich überlegt, ob er nicht weniger fahren kann als bisher. Auto fahren ist nämlich ziemlich schädlich für die Umwelt. Und wer die Autoabgase einatmen muss, tut seiner Gesundheit keinen Gefallen.

Also erhöht der Staat manchmal die Steuern, damit die Bürger sich ein bestimmtes Verhalten zweimal überlegen, weil es schädlich ist oder andere ungute Folgen hat. Manchmal senkt der Staat aber auch die Steuern, weil er erreichen will, dass die Menschen sich auf bestimmte Weise verhalten. So müssen etwa Unternehmen weniger Steuern zahlen, wenn sie investieren, also etwa neue Maschinen kaufen. Denn damit schaffen sie neue Arbeitsplätze. Da so viele Menschen in Deutschland arbeitslos sind, ist das ganz wichtig und muss belohnt werden.

Aus der Geschichte heraus gibt es noch weitere, eher seltsame Steuern, wie etwa eine Steuer auf den Verbrauch von Bier, Steuern auf Kaffee oder Branntwein. Auch auf Wetten beim Pferderennen und bei Lotterien müssen Steuern gezahlt werden.

Früher gab es sogar eine Steuer auf Streichhölzer, aber auch auf Zucker oder Eis, die so genannte Speiseeissteuer. Allerdings gibt es die Gott sei

Dank schon lange nicht mehr. Ihr seht, manchmal kommt der Staat auf ganz komische Ideen. Aber so seltsame Steuern werden dann auch irgendwann wieder abgeschafft.

Steuern sind ganz schön kompliziert

Steuern sind also wirklich etwas sehr, sehr Kompliziertes. Deshalb gibt es auch die Steuerberater. Eure Eltern müssen dem Finanzamt jedes Jahr mitteilen, was sie verdient haben. Das nennt man Steuererklärung. Weil das Thema Steuern manchmal so schwierig ist, braucht man dafür richtige Spezialisten. Ich bin das sicherlich nicht.

Weil es nicht gut ist, wenn die Bürger die komplizierten Steuern nicht mehr ganz verstehen, muss man versuchen, sie einfacher zu gestalten. Aber das ist leichter gesagt als getan. Der Staat hat seit vielen Jahren zu wenig Geld. Das sieht man daran, dass er sogar Schulden machen muss, und zwar viel zu viele. Deshalb kann man Steuern, die viel Geld bringen, nicht einfach streichen. Außerdem will man ja auch die Menschen schützen, die weniger Geld haben. Die Steuervereinfachung ist also gar nicht so einfach – hier muss viel Gehirnschmalz her.

Steuerbetrug ist unfair

Eines ist mir ganz wichtig:

Es gibt leider viele Leute, die Steuern, die sie eigentlich zahlen müssten, durch Tricks und Täuschungen umgehen. Das ist Betrug und außerdem sehr unfair gegenüber denen, die ihre Steuern ehrlich berappen. Denn wenn jemand seine Steuern nicht zahlt – das nennt man Steuerhinterziehung –, dann müssen für die anderen die Steuern erhöht werden, damit der Staat genug Geld hat, um seine Aufgaben zu erfüllen. Deshalb müssen Finanzbeamte und Zollbeamte manchmal wie Kriminalbeamte ermitteln, um Steuerhinterzieher zu überführen.

Ich finde es auch nicht richtig, wenn manche Leute oder Unternehmen aus Deutschland in ein anderes Land gehen, nur weil dort die Steuern nicht so hoch sind. Unser Land Deutschland ist ein schönes Land – auch wenn mal nicht die Sonne scheint und ihr zu viele Schularbeiten aufhabt. Ihr seid in Deutschland sicher, es gibt keine Kriege, und wenn ihr krank seid, stehen genügend und gute Ärzte bereit, die euch behandeln. Das sind einige gute Gründe, hier zu leben. Wer aber die Vorteile Deutschlands wahrnimmt, muss auch in Deutschland seine Steuern zahlen. Ich finde das nur fair und gerecht.

Wer legt eigentlich fest, wer wie viele Steuern zahlen muss?

Steuern dürfen nur erhoben werden, wenn das Gesetz es erlaubt. Ohne Gesetze darf der Staat von den Bürgern und Unternehmen kein Geld verlangen. Das ist unumstößlich und kann von niemandem verändert werden. Alles andere wäre auch Diebstahl.

Die Steuergesetze werden wie alle anderen Gesetze von den Parlamenten gemacht. Ich als Abgeordneter des Deutschen Bundestages gehöre damit auch zu denen, die über die Steuergesetze abstimmen. Diese Gesetze ausdenken – das kann ich nicht, auch dafür gibt es Spezialisten. Und die sitzen im Bundesfinanzministerium beim Finanzminister oder auch in den Finanzministerien der einzelnen Bundesländer.

Wenn eure Eltern wählen gehen, dann bestimmen sie über die Zusammensetzung der Parlamente und damit auch darüber, wie in Zukunft die Steuergesetze gemacht werden. Weil Steuern etwas ganz Wichtiges für den Staat und für die einzelnen Bürger und Unternehmen sind, ist allein das schon ein Grund, zur Wahl zu gehen.

Renate Schmidt

Wie viel Gehalt bekommen meine Eltern und wofür geben sie es aus?

Wenn deine Eltern in einem Betrieb, einer Firma oder einem Büro arbeiten, erhalten sie dafür Geld. Dieses Geld wird Lohn oder Gehalt genannt und einmal im Monat ausgezahlt. Mit dem Geld bezahlen deine Eltern vor allem die Dinge, die ihr in der Familie für das tägliche Leben braucht, also etwa Essen, Kleider oder Miete.

Wie viel Geld verdienen meine Eltern – und wer legt das fest?

Wie viel Geld deine Eltern bekommen, hängt von ihrem Beruf ab und von der Firma, in der sie arbeiten. Du kannst sicherlich einmal mit ihnen darüber reden, wie viel genau sie verdienen. Es ist gut, wenn in einer Familie möglichst alle wissen, wie viel Geld zur Verfügung steht und wie es verwendet wird.

Die Höhe des Gehalts wird nicht in allen Fällen neu verhandelt, wenn ein Angestellter in einer Firma zu arbeiten beginnt. Es wird in vielen Bereichen der Wirtschaft und in der öffentlichen Verwaltung zwischen Gewerkschaften und Arbeitgeberverbänden vereinbart. Die Gewerkschaft ist ein Verband, der die Interessen von Arbeitnehmern vertritt und diese auch gegenüber den Arbeitgebern durchboxt. Denn gemeinsam können Arbeitnehmer viel mehr erreichen als alleine. Bei den Verhandlungen vertreten also die Gewerkschaften die Interessen der Beschäftigten und die Arbeitgeberverbände die Interessen der Arbeitgeber. Diese beiden Verbände schließen einen Tarifvertrag. In ihm werden die Gehälter für ganze Bereiche festgelegt, zum Beispiel für die Autoindustrie. Der Tarifvertrag wird von Arbeitgebern und Gewerkschaften regelmäßig – alle ein bis drei Jahre – neu ausgehandelt. Diese flächendeckende Vereinbarung soll sicherstellen, dass Menschen, die gleiche Arbeit machen, auch gleich bezahlt werden.

Das Geld, das die Firma deinen Eltern zahlt, muss sie selbst erst einmal verdienen. Zum Beispiel, indem die Firma etwas herstellt, wie etwa einen Kühlschrank, ein Auto oder ein Spielzeug, und es dann verkauft. Ein Teil des Preises von den Produkten, die du kaufst, geht also als Gehälter an die Angestellten dieser Firma. Vielleicht sind deine Eltern aber auch nicht bei einer Firma angestellt, sondern beim Staat, zum Beispiel als Lehrerin oder Polizist. In diesem Fall kommt das Geld deiner Eltern aus den Steuern, welche die Bürger und Unternehmen an den Staat zahlen.

In der Regel verdienen die Menschen umso mehr Geld, je mehr sie in der Schule gelernt haben. Das gilt erst recht für die, die danach studiert haben. Auch wer einen Beruf hat und arbeitet, muss immer noch dazulernen, weil sich die Welt ständig verändert.

Was gibt es sonst noch außer dem Gehalt?

Das Gehalt des Arbeitgebers ist in den meisten Familien nur ein Teil des Einkommens. Alle Familien, also auch deine Eltern, erhalten für jedes Kind Kindergeld. Das Kindergeld ist eine öffentliche Zahlung und kommt vom Staat. Außerdem gibt es weitere öffentliche Zahlungen für manche Haushalte, zum Beispiel Wohngeld, Arbeitslosengeld oder Rente.

Diese Gelder vom Staat richten sich nicht nach der Ausbildung und der Arbeitsleistung. So soll zum Beispiel das Kindergeld helfen, einen Teil der höheren Ausgaben auszugleichen, die Eltern mit Kindern haben. Das Wohngeld soll Familien mit geringem Einkommen bei der Zahlung der Miete unterstützen. Kindergeld, Wohngeld und viele andere öffentliche Zahlungen werden durch Steuern finanziert. Die Menschen, die besser verdienen und deshalb höhere Steuern zahlen, unterstützen dadurch die Menschen, die nur ein geringes eigenes Einkommen haben. Wie hoch die

Steuern an den Staat und wie hoch die Zuschüsse des Staates an die Bürgerinnen und Bürger sind, darüber entscheiden die gewählten Politikerinnen und Politiker in den Parlamenten.

Leistungen wie das Arbeitslosengeld oder die Altersrente erhält man, weil man Beiträge in eine gesetzliche Versicherung eingezahlt hat. Wird man dann arbeitslos oder geht in den Ruhestand – wie vielleicht deine Großeltern –, bekommt man Geld, das wiederum die gerade jetzt Beschäftigten in die Versicherung einbezahlen.

Wenn wir nicht an eine einzelne Familie oder einen einzelnen Haushalt denken, sondern mithilfe des Statistischen Bundesamtes einmal alle Haushalte in Deutschland zusammen betrachten, dann sehen wir, dass etwa ein Viertel der Einkommen aus öffentlichen Zahlungen stammt.

Wie viel Geld steht in der Familie zur Verfügung?

Jetzt können wir über die Höhe und Verwendung des Einkommens reden. Denn das Statistische Bundesamt betrachtet nicht nur das Gehalt und dessen Verwendung, sondern alle Einnahmen und Ausgaben von Haushalten in Deutschland. Daraus werden dann durchschnittliche Einnahmen und Ausgaben berechnet, zum Beispiel, was Familien mit Kindern einnehmen und ausgeben. Bei den folgenden Zahlen ist es deshalb ganz wichtig, im Kopf zu behalten, dass es Durchschnittswerte sind. Die Zahlen gelten also nicht für jeden einzelnen Haushalt oder jede einzelne Familie – manche verdienen auch mehr, andere dafür weniger.

Für das Jahr 2003 wurden folgende durchschnittliche Einkommen berechnet: Familien, in denen ein Elternteil allein mit einem Kind oder mit mehreren Kindern lebt, konnten im Monat rund 1790 Euro ausgeben. Bei Paaren ohne Kinder waren es 3120 Euro. Familien mit einem Kind hatten monatlich 3260 Euro zur Verfügung, Familien mit zwei Kindern 4300 Euro und Familien mit drei und mehr Kindern 4380 Euro.

Wofür wird das Einkommen verwendet?

Die meisten Eltern beziehen ein Gehalt oder zwei Gehälter, wenn beide berufstätig sind, sowie öffentliche Zahlungen. Die Steuern und die Beiträge zur Sozialversicherung – das sind die Renten- und Pflegeversicherung, die Arbeitslosenversicherung und die Krankenversicherung – wurden von ihrem Gehalt bereits abgezogen, wenn das Geld auf dem Bankkonto deiner Eltern ankommt. Dieser Geldbetrag ist das Nettoeinkommen. »Netto« heißt, dass die genannten Beträge schon abgezogen sind. Bei Selbständigen, also Menschen, denen eine Firma gehört oder die freiberuflich arbeiten, zum Beispiel als Anwältin oder in einem künstlerischen Beruf, gibt es ein Bruttoeinkommen, von dem die Steuern und Versicherungen noch bezahlt werden müssen.

Wir betrachten jetzt nur noch das Nettoeinkommen, das für die Ausgaben zur Verfügung steht: Bei allen Haushalten, auch bei Familien mit Kindern, entfällt der größte Teil der Ausgaben auf das Wohnen und die Energie für Heizung und Strom. Das macht im Durchschnitt etwa ein Drittel der Ausgaben aus. Der zweitgrößte Posten entfällt auf Ernährung und Getränke. Dann folgen die Ausgaben für Verkehr und die für Freizeit, Unterhaltung und Kultur. Diese drei Gruppen von Ausgaben – Ernährung, Verkehr, Freizeit – machen zusammen etwa ein weiteres Drittel aus. Wenn wir das nun zusammenzählen, kommen wir auf 65 bis 70 Prozent der Ausgaben. Der Rest wird für Bekleidung und Schuhe, Einrichtungsgegenstände und Haushaltsgeräte, Gesundheit, Bildung, Restaurantbesuche und Hobbys ausgegeben. Für Luxus bleibt da oft nichts übrig.

Die meisten Familien sparen aber auch einen Teil ihres Einkommens. Das ist wichtig, um zum Beispiel die Kinder bei der späteren Ausbildung zu unterstützen oder um größere Anschaffungen zu machen. Auch wenn die ganze Familie in den Urlaub fahren will, wird bestimmt jeden Monat etwas zurückgelegt.

Es kann aber auch vorkommen, dass man nicht genug Geld hat und trotzdem dringend eine Anschaffung machen muss. Stell dir vor, euer altes Auto ist kaputtgegangen und ihr braucht dringend ein neues, weil deine Eltern damit täglich zur Arbeit fahren müssen. Oder ihr wollt in ein eigenes Haus ziehen. Wenn das Einkommen und das Ersparte nicht ausreichen, um das Auto oder das Haus sofort komplett zu bezahlen, können deine Eltern einen Kredit aufnehmen und zahlen dann Monat für Monat einen bestimmten Betrag ihres Einkommens an die Bank zurück.

Müssen meine Eltern mir etwas von ihrem Einkommen abgeben?

Deine Eltern müssen für dich sorgen und sie tun das ja auch gerne. Du wohnst mit ihnen, sie ernähren dich, kaufen dir Kleidung und fahren mit dir in den Urlaub, um nur einige Beispiele zu nennen. Dazu kommen noch deine Ausgaben für Zeitschriften, Naschereien, Kinobesuche und so weiter – die bezahlst du entweder mit deinem Taschengeld oder deine Eltern spendieren sie dir.

Die meisten Menschen haben weniger Einkommen, als sie gerne hätten, um sich Dinge zu kaufen. Deshalb müsst auch ihr, du und deine Eltern, gut darauf achten, wofür ihr das Geld ausgebt. Ihr müsst euch fragen: Brauche ich das wirklich? Können wir uns das leisten? In diese Fragen sollten dich deine Eltern einbeziehen und mit dir darüber sprechen. Du solltest die Möglichkeit haben, zunehmend selber Entscheidungen zu treffen und zu verantworten. Eine Voraussetzung dafür ist dein Taschengeld, das an dein Alter und die Höhe des Einkommens deiner Eltern angepasst sein sollte. Das Taschengeld ist so etwas wie dein Einkommen – bei dem du entscheidest, wofür du es ausgeben willst. Das ist eine gute Übung, denn mit Geld umzugehen muss man lernen. Irgendwann, wenn du mal erwachsen bist, verdienst du ja selbst Geld. Und musst dann wissen, wie hoch dein Einkommen ist und was du dir davon leisten kannst.

Dr. Angela Merkel

Eine Welt für alle: Brauchen wir immer mehr Globalisierung?

»Ein kleiner Schritt für mich, aber ein großer Schritt für die Menschheit!« – das sagte der Astronaut Neil Armstrong, als er von der Landefähre »Eagle« den Fuß auf den Mondboden setzte. Damit begann eine neue Epoche in der Geschichte der Menschheit. Erstmals konnte man aus dem All, gewissermaßen »von außen«, die Erde sehen. Seit dieser Zeit hat sich das Bild des weißblauen Planeten tief in das Gedächtnis der Menschen eingeprägt. Die meisten werden dieses faszinierende Bild der weißblauen Erde schon mal gesehen haben.

15 Jahre später, im Jahr 1984, flog der saudi-arabische Sultan Ben Salman Al Saud mit russischen und kubanischen Kosmonauten um die Erde. Er beschrieb seine Erfahrungen auf dem Raumflug so: »Am ersten Tag deutete jeder auf sein Land. Am dritten und vierten Tag zeigte jeder auf seinen Kontinent. Am fünften Tag achteten wir auch nicht mehr auf die Kontinente. Wir sahen nur noch die Erde als den einen gemeinsamen Planeten.«

Was der Sultan hier sagte, wurde zu einer neuen Erfahrung aller Erwachsenen und Kinder: Dieser Planet Erde ist unser gemeinsam bewohntes Zuhause – wir leben alle in der einen Welt. Der Begriff »Globalisierung« benennt den Vorgang, dass wir alle auf der Welt lernen, miteinander zu leben, zu arbeiten, uns füreinander verantwortlich zu fühlen und Probleme gemeinsam zu lösen.

Wir müssen zusammenhalten

Wie wichtig das ist, konnte man Endes des Jahres 2004 und Anfang 2005 sehen. Eine riesige Flutwelle – man nennt sie »Tsunami« – verwüstete große Teile Südasiens: Indien, Indonesien, Sri Lanka, Thailand und eine Reihe anderer Länder. Fast 300 000 Menschen starben, darunter auch zahlreiche Kinder. Viele Familien wurden auseinander gerissen, Häuser und ganze Dörfer wurden zerstört. Um Wohnungen, Betriebe, Straßen, Krankenhäuser und Schulen wieder aufzubauen, halfen Regierungen und Menschen aus vielen Ländern der Welt mit Geld und tatkräftigem Einsatz. Von den Folgen der Flutkatastrophe sind rund 1,5 Millionen Kinder betroffen. Da tat es gut, dass die Kinderhilfsorganisation UNICEF mit Flugzeugen, Booten und Lastwagen sofort Medikamente, Nahrungsmittel, Trinkwasser und Zelte für die Kinder bereitgestellt hat. Auch große Schulkoffer hat UNICEF in die betroffenen Orte gebracht, damit die Kinder schnell wieder lernen können.

Jetzt muss es darum gehen, in diesen Ländern die wirtschaftlichen Strukturen wieder aufzubauen. Dazu gehört auch das, was für den Tourismus notwendig ist: Straßen, Hotels, Restaurants. Denn die Einwohner an den Küsten dieser Länder haben vor allem davon gelebt, dass die Menschen aus vielen Teilen der Erde ihren Urlaub dort verbracht haben. Private und berufliche Reisen in alle Teile der Welt sind zu einem wichtigen Teil der Wirtschaft geworden. Viele Kinder und Jugendliche haben schon bei einem Schüleraustausch oder einer Sprachreise andere Länder kennen gelernt. Diese wachsende Mobilität hat erheblich zu der heutigen Verflechtung der Volkswirtschaften beigetragen. Auch das ist ein Zeichen der Globalisierung. Denken wir nur einmal an die Großraumflugzeuge, die riesigen Öltanker oder die breiten Containerschiffe, die Waren überallhin bringen.

Die Welt wird immer kleiner

Nun haben die Menschen schon immer Handel betrieben. Aber es gab noch nie eine Zeit, in welcher der Handel mit Waren und Dienstleistungen jeglicher Art weltweit so verbreitet war wie heute. Davon haben die

Menschen überall Vorteile. Wir trinken gern Kakao oder essen gern Bananen, die zum Beispiel aus Brasilien kommen. Bei uns könnten wir so etwas schwerlich anbauen. So bekommen wir alle möglichen Waren aus vielen Teilen der Welt. Umgekehrt verkaufen wir Waren aus Deutschland, die wir besonders gut herstellen können und die bei anderen gut ankommen, zum Beispiel Maschinen und Autos. Unser Markenzeichen, »Made in Germany«, hat einen guten Klang in der Welt. Es geht aber nicht nur um gute Qualität, sondern auch um billigere Erzeugung und einen geringen Verbrauch von Ressourcen. Im Laufe der Zeit spezialisiert sich jedes Land auf das, was es besonders gut herstellen kann. So entwickelt sich eine internationale Arbeitsteilung, die zu einem regen Handel führt und bei der letztlich alle Länder Vorteile haben. In den letzten Jahren hat sich diese Entwicklung deutlich beschleunigt. Es gibt inzwischen schon über 63 000 deutsche Unternehmen mit 800 000 Niederlassungen, die nicht nur in Deutschland produzieren, sondern in vielen Regionen der Welt tätig sind.

Durch die Globalisierung steigt der Leistungsdruck

Diese Arbeitsteilung zwischen den Ländern entwickelt sich ständig weiter. Da sich alles laufend verändert, dürfen wir uns in Deutschland auch nicht auf den Erfolgen von früher ausruhen, sondern müssen uns mächtig anstrengen. Eine Reihe anderer Länder – denken wir nur an China – hat sich gegenüber früher sehr stark entwickelt. Neue Erfindungen und eine verbesserte Technik lassen die gewohnten Herstellungsweisen immer schneller veralten. Wenn wir in unserem Land also den Wohlstand für unsere und die kommenden Generationen erhalten wollen, dann müssen wir mehr Geld für Forschung und Entwicklung ausgeben, Aus- und Weiterbildung fördern und dafür sorgen, dass Unternehmen gerne in Deutschland arbeiten.

Die Welt wächst wirtschaftlich zusammen. Da geht es um große Zahlen, die man sich kaum vorstellen kann: Das Weltsozialprodukt zum Beispiel, also all das, was die Menschen in einem Jahr erarbeiten, hat sich innerhalb der letzten 20 Jahre verdoppelt. In demselben Zeitraum hat sich der Wert der Güter, die in andere Länder transportiert und verkauft wurden, sogar mehr als verdreifacht. Der gesamte so genannte Welthandel wuchs auf jährlich etwa 6600 Milliarden Dollar an – eine dreizehnstellige Zahl mit 11 Nullen! Das heißt auch: Was weltweit produziert wird, kann immer mehr Menschen zugute kommen und deren Versorgung sichern.

Das ist allerdings auch dringend nötig. Denn im vergangenen Jahrhundert sind so viele Menschen hinzugekommen wie noch nie zuvor – und das Wachstum der Bevölkerung setzt sich fort. Wie können all die Menschen jetzt und in Zukunft mit Nahrung, Wasser, Wohnung, Bildung und Medikamenten versorgt werden? Das ist bis heute ein zentrales wirtschaftliches und politisches Problem.

Viele Staaten bemühen sich deshalb, die Anbaumethoden zu verbessern und mit neuen Technologien in der Landwirtschaft – zum Beispiel mit Gentechnik – Erträge zu steigern oder neue Anbaugebiete fruchtbar zu machen. Zugleich versuchen manche Staaten, den Anstieg der Geburten zu bremsen. China zum Beispiel erlaubt jeder Familie nur ein Kind. Aber das führt in wenigen Jahrzehnten zu neuen Problemen, denn bald wird es dort mehr alte als junge Menschen geben. Eine solche Überalterung begleitet das Wachstum der Weltbevölkerung.

Immer mehr Reiche, aber auch immer mehr Arme

Durch die Globalisierung geht es immer mehr Menschen auf der Welt besser als früher. Viele Staaten haben in ihrer Entwicklung aufgeholt. Das ist eigentlich erfreulich.

Doch gleichzeitig leben viele Menschen, gerade auch Kinder, weiterhin in Armut. 97 von 100 neuen Menschen kommen nämlich nicht bei uns, sondern in den Entwicklungsländern auf die Welt, 60 von den 100 sogar in nur 10 besonders armen Ländern. Die Folge: Fast die Hälfte der Weltbevölkerung muss von weniger als 2 Dollar pro Tag leben. Jeden Tag verhungern 24 000 Menschen, darunter viele Kinder und Jugendliche. Viele haben keinen dauerhaften Zugang zu sauberem Trinkwasser, zu einer ausreichenden Versorgung im Krankheitsfall oder zu Schule und Ausbildung. Hinzu kommen brutale Bürgerkriege, Gewalt und Unterdrückung, Flüchtlingselend und Umweltkatastrophen. Viele Kinder werden gezwungen, als Kindersoldaten auf andere zu schießen – und sind ihr Leben lang davon traumatisiert. Verantwortung heißt mitzuhelfen, dass sich diese Armutsverhältnisse ändern. Dazu brauchen wir ein neues Verhältnis von verbindlichen Regeln und Freiräumen für die Wirtschaft in weltweitem Maßstab.

Deswegen müssen wir Handelsbarrieren abbauen und Entwicklungsländern den Zugang zu Märkten ermöglichen. Das führt zu mehr Wettbewerb, also zu mehr Leistung und mehr Verdienstmöglichkeiten. Wichtig ist auch der Zugang zu Kapital, gerade für Bauern, Handwerker und kleine Betriebe. Ein kleiner Beitrag bewirkt hier bereits sehr viel. Die UNO hat deswegen 2005 zum »Jahr der Mikrokredite« ausgerufen. Solche Kredite helfen nicht nur, den eigenen Lebensunterhalt selbst zu erarbeiten, sondern oft auch, umweltverträglicher zu produzieren. Außerdem müssen wir mehr als bisher auf die Einhaltung von sozialen Standards achten – von den Löhnen über die Arbeitsbedingungen bis zum elementaren Gesundheitsschutz. Ich finde es sehr gut, dass sich immer mehr große Konzerne freiwillig verpflichten, solche ökologischen und sozialen Standards einzuhalten, unabhängig davon, wo sie auf der Welt produzieren.

Eine andere Möglichkeit besteht darin, den Entwicklungsländern Schulden zu erlassen und im Rahmen der Entwicklungspolitik Projekte zu fördern, die wirtschaftliche »Hilfe zur Selbsthilfe« ermöglichen.

Wichtig bleibt, innerhalb der Entwicklungsländer auf eine gerechtere Verteilung der Einkommen und Bildungschancen hinzuwirken sowie Demokratie und Rechtsstaatlichkeit zu unterstützen. Denn wenn nur wenige sich das Geld aneignen und Diktatoren ein Land beherrschen, werden den Menschen ihre grundlegenden Rechte vorenthalten und zugleich wirtschaftliche Anstrengungen nicht belohnt. So leiden sie doppelt.

Seid neugierig auf andere Kulturen!

Die Globalisierung schafft nicht nur eine größere wirtschaftliche Verflechtung, sondern auch kulturelles Zusammenwachsen. Wenn wir mit anderen – Eltern, Freunden, Spielkameraden – zusammen sind, stellen wir schnell fest, wie verschiedenartig jeder Einzelne ist. Das gilt auch für alle größeren Gemeinschaften: für Deutschland, für die Europäische Union, für die Welt. Überall haben die Menschen unterschiedliche Meinungen, unterschiedliche Bedürfnisse und unterschiedliche Lebensvorstellungen. Es gibt Unterschiede in den Kulturen und den Religionen. Je mehr die Welt zusammenwächst, desto wichtiger wird es, mehr übereinander zu erfahren und sich miteinander auszutauschen.

Die Globalisierung ist dabei, einen alten Menschheitstraum zu erfüllen: sich nicht nur ohne staatliche Begrenzung zu bewegen und überall mit Waren zu handeln, sondern vor allem mit Menschen aus allen Ländern in Kontakt treten zu können. Heute haben immer mehr Menschen auf der ganzen Welt Zugang zum Internet und können sich darüber austauschen. Am weitesten sind Computer und Internet in den Industrieländern verbreitet, auch in Deutschland. Hier verfügt über die Hälfte aller Familien inzwischen über einen Internetanschluss. Auch fast alle Schulen sind inzwischen online. Die meisten Internetbenutzer sind übrigens zwischen 14 und 19 Jahre alt. Im Internet kann man sich umfassend über andere Länder, andere Kulturen und andere Religionen informieren oder mit anderen Jugendlichen im »Chatroom« austauschen. Da man nicht immer gleich verreisen kann, ist das eine gute Möglichkeit, die Sitten und Gebräuche anderer Menschen weltweit kennen zu lernen und zu erfahren, wie sie leben, woran sie arbeiten, was sie denken.

Allerdings ist es wichtig, dass sich der Trend zu immer mehr Internetanschlüssen auch in den Entwicklungsländern durchsetzt – vor allem in Afrika. Sonst öffnet sich ein »digitaler Graben«, der einige Menschen an der zukünftigen Entwicklung teilhaben lässt und andere ausschließt. Das darf nicht sein. Deswegen dringen UNICEF und andere Organisationen darauf, dass immer mehr Kinder und Erwachsene online gehen können.

Wo bringt uns die Globalisierung hin?

Stellen wir uns abschließend vor, es ist das Jahr 2050 und ein Astronaut kreist in einem Raumschiff um die Erde.

Was wird er sehen? Wie viele Bewohner wird die Erde haben? Haben sich Freiheit und Demokratie durchgesetzt? Tun die Menschen etwas dafür, Kriege zu verhindern und in Frieden zusammenzuleben? Gelten die Menschenrechte für alle? Welche neuen Dinge werden erfunden sein und die Wirtschaft vorantreiben? Werden die globalen Wirtschaftsströme die wirtschaftliche Situation der Menschen deutlich verbessert haben? Um wie vieles größer als heute wird der weltweite Handel sein? Werden die Rohstoffe, die Grundgüter, das Wissen gerechter verteilt sein? Haben die Einwohner Afrikas und Amerikas, Europas und Asiens gelernt, ihre kulturelle Unterschiedlichkeit anzuerkennen und Vielfalt als positiv zu betrachten? Leben und arbeiten die Menschen gut und freundschaftlich miteinander? Stehen sie einander nicht nur bei Katastrophen, sondern auch dauerhaft solidarisch bei? Sind die Menschen vereint im Verantwortungsgefühl für den weißblauen Planeten?

Ich weiß nicht, ob es so kommen wird, aber ich würde mir wünschen, dass die Entwicklung zum Besseren für alle voranschreitet. Ganz sicher bin ich mir jedoch, dass wir gemeinsam dafür etwas tun müssen – gerade wir, die wir bereits jetzt in guten Verhältnissen leben. Denn eine Einsicht haben wir heute schon: Es gibt nur eine Welt – eine Welt für alle.

Günther Jauch

Wer bezahlt die Sendungen im Fernsehen?

Deine Eltern sagen sicher manchmal: »Du sollst nicht so viel Fernsehen schauen!«

Wahrscheinlich sollst du lieber für die Schule lernen oder du sollst besser ein Buch lesen oder dein Zimmer aufräumen oder an die frische Luft gehen und toben ... Es gibt für Eltern ja tausend Gründe, einem das bequeme Fernsehen zu verbieten. Bestimmt hast du aber noch nie die Begründung gehört: »Mach den Fernseher aus, das ist zu teuer!«

Eigentlich, so denken wir, kostet Fernsehen doch gar nichts. Das stimmt aber nicht.

Fernsehen ist nicht umsonst

Bestimmte Sender kosten Gebühren. Dazu gehören die so genannten öffentlich-rechtlichen Sender. Das sind ARD und ZDF, 3sat, alle dritten Programme (NDR, WDR, MDR, RBB, HR, SWR, SR, Radio Bremen und der BR) und arte, wozu auch KIKA, also der Kinderkanal zählt. Deine Eltern bezahlen für all diese Programme einschließlich der Radioprogramme etwa 17 Euro im Monat. Dabei ist es völlig egal, ob der Fernseher häufig, selten oder gar nicht angemacht wird. Sogar wenn ihr diese Sender nicht eine einzige Sekunde anschaut, müssen eure Eltern bezahlen. Denn weil niemand kontrollieren kann, ob ihr nicht doch einen öffentlich-rechtlichen Sender schaut, muss jeder bezahlen, der ein Radio- und ein Fernsehgerät zu Hause stehen hat. Nur Menschen, die sehr wenig Geld haben, werden von den Gebühren befreit.

Auch Werbung bringt Geld

Die so genannten privaten Sender, also RTL, SAT1, PRO7, VOX, MTV oder VIVA, kosten dagegen keine Gebühren. Diese Sender finanzieren sich größtenteils durch Werbung. Bestimmt habt ihr schon mal einen Film gesehen, der durch Reklamespots unterbrochen wurde. Um ihre Produkte zeigen zu dürfen, müssen die Firmen den Fernsehsendern etwas bezahlen. Bei attraktiven Sendungen, die also von vielen Zuschauern

gesehen werden, ist die Werbung sehr teuer. Bei absoluten Spitzenereignissen, zum Beispiel bei der Formel Eins, können 30 Sekunden Werbung mehrere 100 000 Euro kosten. Das ist aber die Ausnahme. Bei »Wer wird Millionär?« kann eine Minute Werbung allerdings auch leicht eine sechsstellige Summe ausmachen. Werbung ist also eine sehr wichtige Finanzierungsmöglichkeit für private, genauer gesagt kommerzielle Sender. Allerdings nicht mehr ganz alleine, denn mittlerweile spielen SMS-Spiele, Telefongewinnspiele oder etwa das Begleitheft zu »Gute Zeiten, schlechte Zeiten« auch Geld ein.

Der Sender muss sich also um ein attraktives Programm bemühen, damit möglichst viele Zuschauer einschalten und die Sendungen für die Werbewirtschaft interessant werden. Dabei spielen alle Zuschauer, die zwischen 14 und 49 Jahre alt sind, eine ganz besondere Rolle. Sie gelten der Werbewirtschaft als besonders interessante »Zielgruppe«. Die Werber glauben nämlich, dass sich die meisten Menschen ab dem 50. Lebensjahr durch Werbung nicht mehr so gut erreichen lassen. Sie meinen, dass eure Eltern ab etwa 50 Jahren zum Beispiel ihre Zahnpastamarke nicht mehr wechseln, egal mit wie viel »Frische-Spots« eine neue Marke auch beworben wird.

Ob das wirklich stimmt, weiß keiner so richtig. Aber solange eben nur für die eher jüngeren Zuschauer von der Werbewirtschaft bezahlt wird, muss das von den privaten Sendern so akzeptiert werden. Auch die öffentlich-rechtlichen Sender verdienen Geld mit Werbung. Allerdings dürfen sie ihre Werbespots nur zwischen 18 Uhr und 20 Uhr und am Sonntag gar nicht ausstrahlen, weil sie ja schon Gebühren kassieren.

Wer legt fest, wie viel man zahlen muss?

Die Gebühren werden von Politikern, genauer von den Landtagen in allen Bundesländern, festgelegt. Auch deshalb sind die öffentlich-rechtlichen Sendungen von Politikern und den politischen Parteien nicht so unabhängig, wie sie es eigentlich gerne wären. Denn immerhin bestimmen eben Politiker darüber, wie viel Geld die Sender bekommen. Aus diesem Grund gibt es auch häufig Diskussionen darüber, ob ein Intendant – das ist der Chef eines Fernsehsenders – etwa als SPD-nah oder ein Chefredakteur als Sympathisant der CDU gilt. In manchen Sendern hat diese Art der »Farbenlehre« (SPD steht für Rot, CDU für Schwarz, die Grünen stehen für Grün) schon zu erbitterten Diskussionen über den Sinn eines so genannten »Proporzsystems« (also die Verteilung von Jobs nach dem

Stärkeverhältnis der Parteien) bei der Besetzung wichtiger Stellen in öffentlich-rechtlichen Sendern geführt.

Was passiert mit den ganzen Einnahmen?

Die privaten Sender dürfen rund um die Uhr werben, allerdings maximal 12 Minuten pro Stunde. Wenn es also der Wirtschaft gut geht und ein Sender viele attraktive Programme hat, kann mit Fernsehsendungen sehr viel Geld verdient werden. Wenn aber eine allgemeine Wirtschaftskrise herrscht und überdies manche Programme, die viel Geld gekostet haben, nicht gut laufen, wird es für einen privaten Sender schwierig. Fernsehen ist nämlich eine sehr teure Angelegenheit. Eine »Wetten, dass ...«-Sendung kostet zum Beispiel zwischen 1,5 und 2 Millionen Euro. »Wer wird Millionär?« ist zwar viel billiger zu produzieren, aber dafür besteht ja jedes Mal das Risiko, dass richtig hohe Gewinne ausgezahlt werden müssen. Als Moderator freue ich mich natürlich, wenn jemand 1 Million Euro gewinnt, weil am nächsten Tag jeder darüber redet. RTL muss dann erst mal durchschnaufen. Aber bisher haben sie noch nie gezuckt, wenn wieder einmal richtig viel Geld gewonnen wurde.

Durch die immer fließenden Gebühren haben die öffentlich-rechtlichen Programme natürlich einen Vorteil. Sie wissen ganz genau, wie viel Geld sie zur Verfügung haben, und können dadurch besser planen. Selbst teure Rechte, wie etwa die Spiele der Fußballweltmeisterschaft, liegen im Moment bei den öffentlich-rechtlichen Sendern. Dafür hatte RTL zum Beispiel für mehrere Jahre die Rechte an der Champions League, die aber meistens mehr Geld gekostet hat, als an Werbegeldern wieder hereinkam. Trotzdem muss sich ein großer Sender auch großen Sport leisten. Das macht ihn attraktiv, und er kann mit seiner Technik, seinen Reportern und Regisseuren glänzen und zeigen, was er kann.

Die Finanzierung bestimmt auch das Programm

ARD und ZDF haben den gesetzlichen Auftrag, mit ihren Radio- und Fernsehprogrammen eine so genannte Grundversorgung zu leisten. Das bedeutet, dass dort nicht nur massenattraktive Unterhaltungsprogramme zu sehen sind, sondern dass es auch Sendungen zur »Bildung und Unterrichtung« aller Zuschauer geben muss. Die großen öffentlich-rechtlichen Sender legen deshalb viel Wert auf Informationssendungen, während vor allem kleine Privatsender da schon aus Kostengründen nicht immer mithalten können. Bei öffentlich-rechtlichen Sendern können auch Programme »überleben«, die von nicht so vielen Menschen angesehen werden. Dazu gehören zum Beispiel der Schulfunk oder auch manche Kinderprogramme. Eines haben alle Sender gemeinsam: Sie möchten am liebsten erfolgreiche Sendungen für alle produzieren, die aber möglichst wenig Geld kosten sollen. Das wird aber deshalb immer schwieriger, weil viele Zuschauer schnell merken, wenn sie mit irgendwelchen Billig-Sendungen geködert werden sollen. Deshalb gilt für alle Sender, dass sie sich um originelle, unterhaltsame und informative Programme bemühen.

Die richtige Auswahl treffen

Als ich klein war, gab es nur einen Sender, die ARD. Später kam das ZDF dazu, und seit etwas über 20 Jahren gibt es auch private Fernsehprogramme in Deutschland. Heute kann fast jeder mindestens 20 Sender empfangen. Eure Eltern sagen vielleicht manchmal, dass im Fernsehen ja nur noch Schrott gesendet wird und früher die Programme besser waren. So einfach kann man es sich aber nicht machen. Es gab früher sehr spannende oder unterhaltsame Sendungen, aber eben auch viel »gesendete Langeweile«. Heute kann sich jeder das heraussuchen, was ihn interessiert. Wer den ganzen Tag Zeichentrickfilme sehen will, kann das ebenso tun, wie ununterbrochen Nachrichten, Spielfilme oder Dokumentationen einschalten. Eigentlich ist zu jeder Zeit für jeden Geschmack in irgend-

einem Programm etwas dabei. Insofern glaube ich, dass das Fernsehen im Laufe der Jahre besser geworden ist.

Das Schöne an den vielen Sendungen ist, dass jetzt jeder sein eigener Programmdirektor sein kann. Im Durchschnitt sitzt jeder Deutsche dreieinhalb Stunden am Tag vor dem Fernseher. Ich finde, dass das insbesondere für Kinder und Jugendliche viel zu viel ist. Aber es kommt eben auch auf die Sendungen an. Wer sich nur von einer Soap zur nächsten Nachmittags-Talkshow hangelt, dem wird das Fernsehen langfristig nicht viel geben können. Wer hingegen eine kluge Auswahl trifft, wird das Fernsehen als ebenso informatives wie unterhaltsames Medium zu schätzen wissen. Deshalb glaube ich: Fernsehen macht die Klugen klüger und die Dummen dümmer.

Reiner Calmund

Wie verdienen Fußballvereine ihr Geld?

Um seinen Kleiderschrank kümmert sich der zehnjährige Tim eher selten. Mamas Angelegenheit. Es reicht schon, dass er jeden Tag seinen Schreibtisch aufräumen muss. Wo soll da noch die Zeit bleiben, Hemden, Socken oder Hosen zu verstauen? Allerdings: Eine kleine Ecke ist reserviert. Um die muss Mama sich nicht kümmern. Besser gesagt: Um die *darf* Mama sich nicht kümmern.

Hier liegen – fast perfekt gefaltet – Schals, Shirts, Hosen und Strümpfe. Alles korrekt übereinander gestapelt, eigentlich viel zu gepflegt für einen zehnjährigen Jungen.

Doch es sind nicht irgendwelche Schals, Shirts, Hosen oder Strümpfe. Der Schal ist rot und schwarz, in weißer Schrift steht darauf gestickt: »Bayer Leverkusen – Die Macht am Rhein«, daneben das Vereinswappen mit den beiden Löwen, die das Bayer-Kreuz umrahmen. Das Hemd ist weiß, das Wappen ist das gleiche wie auf dem Schal, hinten ist die Nummer 9 drauf und darüber steht »Berbatov«. Der bulgarische Stürmer ist Tims Lieblingsspieler und dieses Trikot hütet er wie einen kostbaren Schatz. Die Hose passt zum Trikot, die Strümpfe sind natürlich weiße Fußballer-Stutzen.

Eine komplette Ausrüstung also: Wenn er sie anzieht, ist er nicht mehr Tim, der Junge aus der fünften Klasse. Dann ist er Dimitar Berbatov, der Goalgetter von Bayer Leverkusen.

Die Fans sind wichtig für den Verein

Hunderttausende Jungs und Mädchen in ganz Deutschland geht es so wie Tim: Sie identifizieren sich mit »ihrem« Klub, auch noch wenn sie älter werden: »Seht her, ich bin Fan von Bayer 04!«

36 Profiklubs gibt es in Deutschland. Und diese Klubs geben viel Geld aus: Die Spieler und der Trainer müssen ein Gehalt bekommen, Vereinsbus, Stadion, Verwaltungspersonal, Reisekosten – all das muss bezahlt werden, Monat für Monat. Und so etwas kostet eine ganze Menge Geld. Ein Fußballverein ist dabei fast so etwas wie eine Firma. Die laufenden Kosten eines Vereins müssen verdient werden, das heißt, der Verein muss Geld verdienen, um seine enormen Kosten bezahlen zu können. Darum kümmert sich der Manager des Vereins. Er ist dafür verantwortlich, dass der Verein funktioniert. So wie ein Direktor eine Firma leitet, leitet der Manager seinen Fußballklub.

Und eine wichtige Einnahmequelle sind dabei natürlich die Fans. Die Vielfalt der Fanartikel ist schier unerschöpflich und reicht vom Schulranzen bis zur Handy-Schale, von der Bettwäsche bis zur Badehose. Bayern München, der größte und reichste Verein in Deutschland, bot seinen Fans sogar die Möglichkeit an, ein Fertighaus zu kaufen mit dem Logo, also dem Vereinswappen, des Rekordmeisters.

Die Fanartikel, die es früher meist nur an Wohnwagen, die zu mobilen Verkaufsstellen umgebaut worden waren, zu kaufen gab, werden heute in mehr oder weniger dicken Katalogen angepriesen. Und die Fans spielen mit: Sieben von zehn Anhängern sind bereit, Geld auszugeben, um Flagge zu zeigen. Das kostet – doch gezahlt wird gerne, am liebsten für große Namen.

Als der Stürmer Giovane Elber im Januar 2005 vom französischen Verein Olympique Lyon zum Bundesligisten Borussia Mönchengladbach wechselte, wurde sein Trikot mit der Nummer 10 in kürzester Zeit zum Verkaufsschlager: Tausende gingen zum Stückpreis ab 60 Euro über den Ladentisch – dabei hatte Elber, weil verletzt gekommen, bis dahin noch kein einziges Spiel für die Borussen absolviert.

Der englische Begriff »Merchandising« steht in Deutschland für diesen Verkauf von Fanartikeln. Seit den 90er-Jahren des vergangenen Jahrhunderts ist diese Einnahmequelle für die Klubs immer wichtiger geworden, heute macht der Fanartikelverkauf durchschnittlich 5 bis 15 Prozent der Gesamteinnahmen eines Bundesligaklubs aus.

Zuschauer – jede Eintrittskarte bringt Geld

Tim will seinen Bayer-Dress natürlich nicht nur zu Hause oder in der Schule zeigen. Viel wichtiger ist für ihn der Besuch eines Spiels. Wochenenden sind für ihn nicht deshalb der Höhepunkt der Woche, weil schulfrei ist. Wochenende heißt vor allen Dingen: Bundesliga. Gott sei Dank ist sein Vater auch Fan – und lässt es sich nicht nehmen, am Samstag mit ihm zum Fußball zu gehen. Alle zwei Wochen gehen sie in die BayArena, und wenn das Auswärtsspiel nicht so weit entfernt ist, sind Tim und sein Vater auch da dabei.

Um ins Stadion zu kommen, müssen sie Eintrittskarten kaufen. Dieser Verkauf von Einzel- oder Saisontickets ist die nächste wichtige Einnahmequelle der Bundesligaklubs. Man nennt sie »Ticketing«, daher ist sie neben »Merchandising« der nächste »ing-Bereich«, mit dem die Vereine Geld verdienen. Früher war diese Einnahmequelle die wichtigste. Als Uli Hoeneß, der Manager von Bayern München, 1980 seinen Job antrat, lag der Anteil der Zuschauereinnahmen noch bei 70 Prozent des gesamten Umsatzes. Zehn Jahre später waren es nur noch 45 Prozent, heute sind es lediglich noch 23 Prozent.

Dabei spielt das Geld, das Tim und sein Vater für ihre Karten bezahlen, eine kleinere Rolle. Das große Geld aus dem Eintrittskartenverkauf kassiert man von den großen Firmen oder wichtigen Leuten mit dem großen Geld. Für die baute man Logen, über die heute fast jedes moderne Stadion verfügt. Diese Logen sind geräumige Zimmer mit Platz für 12 bis 60 Fans. Sie werden für ein ganzes Jahr vermietet und kosten zwischen 150 000 und 500 000 Euro, je nach Größe und Stadion. Für dieses Geld gibt es nicht nur Fußball: Die Logen können von den Firmen das ganze Jahr über genutzt werden, sie sind mit Telefonen und Faxgeräten sowie Computern mit Internetzugang ausgestattet, manche verfügen sogar über Duschen. Fleißige Kellner bringen während der Spiele feines Essen und Trinken – alles ist drin im Preis.

Haben Tim und sein Vater Hunger oder Durst, gibt es, im ganzen Stadion verstreut, viele Möglichkeiten, sich etwas zu besorgen – für sie aber kosten Pizza, Würstchen, Hamburger, Bier und Cola extra.

Werbung ist wichtig!

Auf Tims Trikot, das er stolz präsentiert, sieht man nicht nur das Wappen des Vereins oder den Namen und die Nummer seines Lieblingsspielers. Vorne auf der Brust, wo am meisten Platz ist, steht der Name eines Unternehmens. In seinem Falle ist es ein großer Energiekonzern, RWE, der auf den Trikots von Bayer wirbt. Diese Werbung, in Deutschland seit ungefähr 35 Jahren erlaubt, macht den nächsten großen Teil der Einnahmen eines Bundesligaklubs aus. Der Klub und die Firma schließen einen Vertrag, der dem Verein eine schöne Summe Geld bringt, auf jeden Fall mehrere Millionen Euro im Jahr. Dafür wirbt er mit dem Namen des Sponsors auf der Trikotbrust, dem Vereinsbus, den Banden um das Spielfeld herum und bei Fernsehauftritten von Trainern, Offiziellen oder Spielern mit einem Sticker am Hemdkragen. Dies ist der nächste »ing-Bereich«, das Sponsoring. Besonders prominente Spieler werden zu Veranstaltungen des Sponsors geschickt, all dies wird vor der Saison vertraglich geregelt.

Das Ziel ist klar: Das Unternehmen will bekannter werden und sein Ansehen in der Öffentlichkeit (sein »Image«) verbessern. Dieses Ziel wird meist erreicht – mal mit mehr, mal mit weniger Geld. Je erfolgreicher der Verein ist, desto höher sind die Einnahmen, die er erzielen kann. Spielt ein Verein sogar in der Champions League, gewinnt er Meisterschaften oder Pokale, dann kann er über vorher vereinbarte Sonderzahlungen noch mehr Geld verdienen.

Dabei spielen auch das Fernsehen sowie die Zeitungen eine wichtige Rolle. Sie verbreiten Bilder von den Fußballern, damit erreichen sie Millionen Menschen, die dann auch automatisch das Logo der Firma sehen. Diesen Werbeeffekt wollen die Chefs der Firmen erreichen, dafür zahlen sie gerne. Als Tims Lieblingsklub Bayer Leverkusen 2002 im Finale der Champions League stand und in Glasgow gegen Real Madrid 1:2 verlor, sahen dieses Spiel rund eine Milliarde Menschen auf dem gesamten Erdball. Eine größere Menge an Menschen kannst du nicht erreichen, wenn du Werbung betreiben willst. Denn: Sowohl bei Olympischen Spielen als auch bei Fußball-Weltmeisterschaften und Europameisterschaften ist diese Art der Trikotwerbung verboten. Weil dem so ist, geben die Bosse gerne immer mehr Gelder an die Klubs: Die Sponsorengelder, die in den Fußball fließen, haben sich in den vergangenen zehn Jahren fast vervierfacht. Zwar sind die Einnahmen aus diesem Bereich größer als aus den beiden oben beschriebenen »ing-Bereichen«, doch es gibt eine Quelle, die das Geld noch reichlicher sprudeln lässt als Merchandising, Ticketing und Sponsoring.

Fernsehrechte bringen das meiste Geld

Auch an diesem Bereich trägt unser Fan Tim seinen Anteil. Denn weil es wirklich nicht möglich ist, jedes Spiel zu besuchen – er aber jedes Spiel sehen will –, hat er um ein Premiere-Abo gebettelt, bis sein Vater nachgab. Das fiel Tims Daddy nicht wirklich schwer, weil er selber Fußballfan ist. Und trotzdem: Alle Spiele sehen zu dürfen ist ein Luxus. Und Luxus kostet Geld. Ein Premiere-Abo musste es sein, um die Fußballfans in der Familie ruhig zu stellen. Bundesliga, Zweite Liga, italienische, spanische und englische Liga – immer läuft was beim Bezahlsender.

Der bezahlt auch kräftig dafür, gemeinsam mit der ARD, die Fußball in der »Sportschau« zeigt, dem ZDF, das am Samstagabend mit dem »Sportstudio« dran ist, und dem DSF, das Ausschnitte von den Spielen am Sonntag zeigt. In großem Umfang also wird man bedient von den TV-Sendern, die dafür viel Geld ausgeben. Geld, das in Deutschland die Deutsche Fußball-Liga bekommt, der Dachverband aller Profivereine. Dieser Verband verteilt es an die Klubs in den Profi-Ligen. Die Vereine in der Zweiten Liga erhalten viel weniger, sodass die Mannschaften, die abgestiegen sind, oft wirtschaftliche Probleme bekommen. Denn der Anteil der Fernsehgelder macht heute den größten Teil der Einnahmen eines Klubs aus. Mussten die Vereine vor 50 Jahren noch Geld bezahlen, damit ihre Spiele im Fernsehen übertragen wurden, hat sich diese Situation grundlegend geändert. Fußball ist ein Thema, nicht nur auf Schulhöfen oder in Kneipen.

Fußball ist heute ein Magnet für Millionen von Menschen. Fußballspiele haben regelmäßig die höchsten Einschaltquoten. Und weil man über diese Quoten Werbezeit teuer verkaufen kann (je mehr Menschen gucken, desto mehr entdecken das beworbene Produkt) und auch der Ruf des Senders verbessert wird, geben sie das Geld gerne. Und die Vereine könnten ohne das Geld nicht mehr in dieser Qualität überleben. Rund 30 bis 40 Prozent seines Geldes bezieht jeder Klub von den TV-Anstalten.

Merchandising, Ticketing, Sponsoring, TV-Gelder – auf diesen vier Säulen steht das Haus eines jeden Vereins. Sobald nur eine bröckelt oder gar wegbricht, bekommt der Klub Probleme. Dies bekamen viele Vereine zu spüren, als die so genannte Kirch-Krise die Bundesliga erschütterte. Leo Kirch war ein Fernsehboss, der der Liga riesige Summen zur Verfügung stellen wollte, die Zahlungen aber nicht einhalten konnte. Sein Unternehmen ging Pleite, die Klubs bekamen weitaus weniger Geld, als abgemacht, mussten aber die laufenden Vertragskosten mit ihren Spielern teilweise über Jahre hinweg begleichen. Noch heute spüren viele Klubs die Nachwirkungen dieser Krise.

Bekommen Profifußballer zu viel Geld?

Tim störte die Kirch-Krise eher weniger. Ehrlich gesagt: Er bekam davon gar nichts mit – weil Fußball für ihn kein Geschäft ist, sondern ein Hobby. Obwohl ... manchmal träumt er davon, Profifußballer zu werden. Umjubelt, wie sein Idol Dimitar Berbatov. Und obwohl er erst zehn ist, hat er schon mitbekommen, wie viel Geld Fußballer verdienen können. Er weiß: Es ist meist mehr, als eine normale Familie ausgeben kann. Wie das geht, hat er sich schon häufig gefragt, denn so viel wie sein Papa arbeiten die nicht.

Oft genug hat er beim Training zugeschaut und weiß, dass die Spieler da etwa eineinhalb Stunden rumkicken, manchmal auch zweimal am Tag, manchmal aber auch gar nicht. Spiele finden meist einmal, höchstens dreimal in der Woche statt. Er hat mit seinem Vater nachgezählt, kam auf vielleicht 20 Arbeitsstunden pro Woche.

Papa muss viel länger arbeiten, mindestens 40 Stunden, häufig mehr. Aber Papa hat es ihm erklärt: »Der Job des Profis spielt sich nicht nur auf dem Rasen ab. Viele Stunden verbringt er bei der Körperpflege, beim Krafttraining, bei der Massage und so weiter. Außerdem muss er häufig ins Trainingslager, sitzt viel im Bus oder im Flieger und ist selten daheim. Ein Profi kommt also alles in allem auf sicherlich mehr als 40 Wochenstunden.«

Für diesen Aufwand verdienen Profifußballer viel Geld. Wie viel, da gibt es in Einzelfällen nur Schätzungen. Wie die Klubs ihr Geld verdienen, das haben wir eben gesehen. Beides war nicht immer so. Als Tims Vater noch jung war, da sah es zum Beispiel beim Bundesligaklub Bayer Leverkusen noch ganz anders aus. Das Stadion glich einem Kaninchenstall mit einer baufälligen Holztribüne. Eine Sekretärin arbeitete halbtags und die Eintrittskarten wurden aus einer Keksdose verkauft.

Nur 25 Jahre später hat sich die Situation völlig verändert: Der Verein ist kein Verein mehr, sondern eine Firma, eine GmbH (»Gesellschaft mit beschränkter Haftung«), für die viele angestellte Mitarbeiter arbeiten. Dazu zählen die Geschäftsführung, die Spieler, die Trainer, der Platzwart, der Zeugwart ebenso wie die Kaufleute, die sich um die Finanzen und um all die »ings« kümmern müssen. Aus dem kleinen Klub von damals ist ein Unternehmen geworden mit einem Millionenumsatz. Die Menschen, die dort arbeiten, müssen bezahlt werden. Wie jeder Hausbesitzer sein Haus in Schuss halten muss, muss der Verein oder die GmbH ihr Stadion in Schuss halten.

Gute Spieler muss man sich einkaufen

Und damit das alles so weiterläuft, damit der sportliche Erfolg für Einnahmen sorgt, braucht man vor allen Dingen eine gute Mannschaft. Fußballer gibt es viele, alleine in Deutschland rund sechs Millionen. Aber richtig gute Fußballer gibts nur selten. Und was selten ist, ist meistens teuer. Will man einen Nationalspieler verpflichten, dann will ein anderer Klub dies meist auch. Das heißt, die Angebote liegen auf dem Tisch, und wenn du Glück hast, ist deins höher und der umworbene Spieler unterschreibt. Manchmal hilft auch Cleverness. Dann musst du nicht mehr zahlen, du musst nur vor dem anderen Interessenten da gewesen sein. Du musst eben früher erkannt haben: »Hey, das ist ein Goldstück, den will ich haben.« Wenn du dies schaffst, kannst du das Goldstück mit etwas Glück preiswerter bekommen.

Jeder Klub hat seine Grenzen, die werden gesteckt durch den so genannten Etat. Der sollte – das ist wie daheim mit dem Taschengeld oder der Haushaltskasse – nicht überschritten werden. Wenn dies droht, muss man meistens Spieler verkaufen. In Deutschland befindet sich nur Bayern München in der glücklichen Lage, gegen alle Konkurrenten bieten zu können. Wenn also die Bayern von einem kleineren Klub einen Spieler haben wollen, bekommen sie ihn in den meisten Fällen. Bayer Leverkusen, sicherlich kein armer Verein in Deutschland, gab in den vergangenen Jahren wichtige Spieler an die Bayern ab, weil man mit deren Angeboten nicht mithalten konnte und wollte. Die Gefahr, zu hohe Schulden zu machen, war einfach viel zu groß. Lucio, Zé Roberto, Robert Kovac, Michael Ballack – sie alle gingen nach München. Der kleinere Verein muss in diesem Falle für Nachschub sorgen, das heißt, was die Bayern bei ihm machen, muss er eine Etage tiefer, zum Beispiel in der Zweiten Bundesliga, versuchen.

Für die meisten Klubs ist dies übrigens die fünfte Einkommens-Säule: die geschickte Transferpolitik. Transfer bedeutet Wechsel. Wechseln tun Spieler von einem Klub zum anderen. Und hat man einen besonders guten Spieler unter Vertrag, den ein reicherer Verein haben will, dann fließt Geld – oft genug viel Geld.

Von diesen Summen ist Tim weit entfernt. Und trotzdem bildet er einen Teil des Ganzen, als Kunde, als Fan. Und trägt so mit dazu bei, dass der Profifußball von heute so funktioniert, wie er funktioniert. Denn ohne Fans, die im Stadion für Stimmung sorgen, würde kein müder Euro in die ganze Angelegenheit investiert. Für kein »ing« und kein Ding der Welt.

Claudia Roth

Warum ist gute Bildung wichtig – gerade im Arbeitsleben?

Unser Land gehört zu den reichsten der Welt. Und das, obwohl wir nicht über viele Rohstoffe wie Erdöl, Gold oder Diamanten verfügen. Die gibt es in anderen Ländern. Doch Deutschland hat etwas anderes sehr Wertvolles: Bildung. Und die wird immer wichtiger.

Wir leben in einer Wissensgesellschaft. Wissen und Bildung – das ist inzwischen eine entscheidende Grundlage unseres Wohlstands und unserer Gesellschaft. Dabei geht es um Kenntnisse und Fertigkeiten, um das, was Kinder, Jugendliche und Erwachsene lernen, um das Wissen und Können, das im Arbeitsleben, im friedlichen und gerechten Zusammenleben mit anderen Menschen und im verantwortungsbewussten Umgang mit der Natur gebraucht wird.

Deutschland hat viele kluge Köpfe, die zahlreiche Erfindungen gemacht und neue Technologien und Maschinen entwickelt haben. Und diese Dinge können wir ins Ausland verkaufen. Das schafft Arbeitsplätze und damit Wohlstand. Wissen und Bildung sind also ganz entscheidende Zukunftsbausteine – sowohl für den Einzelnen als auch für die ganze Gesellschaft.

Bildung kann vor Arbeitslosigkeit schützen

Wie wichtig Wissen heute ist, zeigt sich an einem großen Problem, mit dem wir gerade kämpfen: der Arbeitslosigkeit. Unter den Menschen, die lange Zeit arbeitslos sind, finden sich besonders viele, die keine abgeschlossene Ausbildung haben. Heute stehen nur noch halb so viele Menschen ohne Berufsausbildung im Erwerbsleben wie vor 30 Jahren. Gleichzeitig hat sich die Zahl der Erwerbstätigen mit Hochschul- oder Fachhochschulabschluss in Westdeutschland fast verdreifacht. Wer eine gute Ausbildung hat, der hat viel mehr Chancen auf dem Arbeitsmarkt.

In der Wissensgesellschaft ist es auch eine Frage der Gerechtigkeit, dass alle Menschen einen guten Zugang zu Bildung und Wissen haben, dass sie in diesem Zugang unterstützt und gefördert werden. Eine gute Schul- und Berufsausbildung heute – das ist die Chance für morgen.

Deutsche Schulen müssen besser werden

Leider gibt es in Deutschland im Bildungsbereich eine Reihe von Mängeln. Wir haben unsere Schulen in den letzten 30 Jahren zu wenig vorangebracht. Bei uns wurde viel gestritten – bei unseren Nachbarn wurde reformiert. Ihr habt sicher von der PISA-Studie gehört. Sie hat Schulen in vielen Ländern der Erde untersucht und dem deutschen Schulsystem dabei keine guten Noten ausgestellt. Die deutschen Schulen sind im Vergleich mit anderen Ländern nur Mittelmaß. Wir müssen in Deutschland dringend etwas tun. Wir brauchen eine »neue Schule«. Dabei müssen wir uns an den besten Beispielen, an den besten Schulsystemen der Welt orientieren.

Die PISA-Studie zeigt, dass wir die Schülerinnen und Schüler zu früh trennen und auf Hauptschulen, Realschulen und Gymnasien verteilen. Andere Länder tun das nicht und haben damit mehr Erfolg als wir.

Schlecht ist auch, dass bei der Verteilung auf die verschiedenen Schularten der soziale Hintergrund der Kinder oft den Ausschlag gibt. Bei uns ist es immer noch so, dass die Herkunft der Kinder und Jugendlichen weitgehend ihre Zukunft bestimmt. Kinder aus sozial schwachen Elternhäusern und vor allem Kinder von Einwanderern haben deutlich schlechtere Chancen. Das ist ungerecht.

Gute Noten stellt die PISA-Studie den skandinavischen Ländern aus. Besonders gut sind die Schulen in Finnland. Dort setzt man nicht auf das Aussortieren, sondern auf individuelle Förderung. Die Schülerinnen und Schüler werden in den Bereichen, in denen ihre Schwächen liegen, gezielt

unterstützt. Aber sie werden auch dort angesprochen, wo ihre besonderen Talente und Interessen liegen. Das Ergebnis ist ein sehr hohes Bildungsniveau. Das ist gut für die Kinder und Jugendlichen – und das ist auch gut für die Wirtschaft, die gut ausgebildete Menschen dringend benötigt.

In Deutschland darf die Schere zwischen den gut Ausgebildeten und den weniger gut Ausgebildeten nicht noch weiter auseinander gehen. Wir benötigen eine Schule mit mehr und gezielterer Förderung in der Breite. Gleichzeitig müssen wir besondere Talente und Begabungen unterstützen. In der Wissensgesellschaft ist es nötig, dass in Sachen Bildung und Wissen alle einen Schritt weiterkommen und nicht nur einige wenige. Das zeigt sich ganz anschaulich bei den Ausbildungsberufen. Da liegen die Anforderungen mittlerweile sehr hoch. Wo früher noch der Hauptschulabschluss genügte, da wird heute oft der Realschulabschluss verlangt. Und für Lehrstellen, die früher mit Realschulabschluss zu bekommen waren, ist heute oft das Abitur Voraussetzung.

Ganztagsschulen – im Ausland hoch im Kurs

Ein wichtiger Ansatzpunkt sind die Ganztagsschulen. In den erfolgreichen PISA-Ländern gibt es viel mehr Ganztagsschulen als bei uns. Sie sind keine Orte, an denen Zeit totgeschlagen oder euch die Freizeit geraubt wird.

Hier können Schwächen von Schülerinnen und Schülern besonders gut ausgeglichen werden. Sie sind ein Ort der Förderung für jeden Einzelnen. Bei uns finden die Schülerinnen und Schüler viel zu wenig individuelle Unterstützung. Viele verlieren zu schnell den Anschluss, fallen zurück, bleiben sitzen. Wir müssen solche Kinder gezielt fördern, so wie andere Länder es uns vormachen.

Es ist auch so, dass die Familien sich heute verändert haben. Viele Frauen gehen arbeiten. Das ist gut und wichtig, weil Frauen damit unabhängiger werden. Die Ganztagsschule hilft hier, indem sie die Kinder fördert und die Frauen und Familien entlastet.

Die Bundesregierung unterstützt die Bundesländer bei den Ganztagsschulen mit einem Vier-Milliarden-Euro-Programm. Das ist viel Geld – das sind 4000 Millionen Euro! Mit dem Geld sollen Schulen so ausgebaut werden, dass in ihnen Ganztagsangebote möglich sind. Einige Bundesländer nutzen dieses Programm bereits sehr gut.

Schule hilft auch leben lernen

Für die Schulen und für euch Schüler ist auch der Austausch mit der Welt außerhalb der Schule sehr wichtig – mit der Stadt und der Region, mit den Vereinen, Bibliotheken, Sport- und Kultureinrichtungen – und natürlich mit der Wirtschaft und der Arbeitswelt. Die Schule muss hier viel durchlässiger werden. Sie muss Erfahrungen, die von außen kommen, viel stärker einbeziehen. Die Lehrer sollten deshalb eine Ausbildung bekommen, mit der sie auch außerhalb der Schule arbeiten können. Und Menschen von außerhalb sollten leichter in der Schule unterrichten können. So könnten euch Manager aus der Wirtschaft, Gewerkschafter, Juristen oder Astronauten im Unterricht vielleicht ganz neue Einblicke verschaffen. Projekte, die in die Lebens- und Arbeitswelt führen und fächerübergreifend gestaltet werden, müssen wesentlich stärker Eingang in den Schulunterricht finden.

Ihr kennt das sicher: Viele Jugendliche sind heute »schulmüde«. Sie haben keine Lust mehr auf Schule, sehen in der Schulausbildung keinen Sinn. Hier kann die Jugendhilfe wichtig sein, die Jugendliche mit ihren Bildungsangeboten manchmal besser erreicht. Die Zusammenarbeit von Schule und Jugendhilfe muss entwickelt werden.

Die Schulen müssen ihr Lehrangebot insgesamt auch viel eigenständiger gestalten können. Natürlich brauchen wir allgemeine Lernziele, die für das ganze Bundesgebiet gelten. Aber die Wege, auf denen diese Ziele erreicht werden, müssen stärker vor Ort, in den Schulen festgelegt werden. Das erfordert engagierte Lehrer, das macht den Unterricht spannender und sorgt für eine lebendige Schule, in der Lernen mehr Spaß macht.

Bildung fängt schon vor der Einschulung an

Wichtig sind aber nicht nur die Schulen, auch die Bildung und Betreuung in Kindergärten und Kindertagesstätten spielt eine große Rolle. Hier werden Grundlagen gelegt für spätere Lernerfolge. Manche Kinder haben es schon im Kindergarten schwerer als andere. Sie können sich schlechter konzentrieren, sich nicht so gut ausdrücken oder haben Schwierigkeiten im Umgang mit anderen. Solche Entwicklungen lassen sich später oft nur schwer korrigieren. Manchmal wirken sie sich ein Leben lang aus – sowohl auf das Einkommen wie auf das Risiko, arbeitslos zu werden. Deswegen muss schon im Kindergarten einiges getan werden, um den Kindern zu helfen.

Gerade in frühen Lebensjahren ist der Entdeckergeist von Kindern groß. Auch das müssen die Betreuungseinrichtungen unterstützen. Sie müssen

die Kinder so auf die Schule vorbereiten, dass sie dort gute Chancen haben und nicht gleich zurückfallen. Besonders wichtig ist dabei die Sprachförderung.

Auch kleine Kinder müssen gut betreut werden

Auch bei der Bildung und Betreuung von ganz kleinen Kindern gibt es in Deutschland Handlungsbedarf. Ganztagsangebote – da heißt es bei uns oft: »Fehlanzeige«. In den alten Bundesländern gibt es hier viel zu wenige Angebote. In den neuen Ländern ist die Lage etwas besser. Unser Nachbarland Frankreich tut sehr viel in diesem Bereich. Auch von diesem Beispiel können wir lernen. Die Ganztagsbetreuung von kleinen Kindern ist für die Familien und vor allem für die Mütter sehr wichtig. Wenn es im vorschulischen Bereich keine Angebote zur Ganztagsbetreuung gibt, können die Mütter keine Arbeit aufnehmen. Die Frauen sind weniger unabhängig und den Familien droht Armut.

Auch Wirtschaftssachverständige haben darauf hingewiesen, dass der Vorschulbereich und die Grundschulen besser ausgestattet werden müssen. Sie fordern den Ausbau von kostenlosen und verpflichtenden Förderangeboten im Vorschulbereich. Auch Verbände wie die Arbeiterwohlfahrt fordern eine umfassende Bildungsoffensive und machen darauf aufmerksam, dass das ein wichtiger Beitrag zur Vermeidung von Armut und Arbeitslosigkeit ist.

Der Bundestag hat gerade ein Gesetz beschlossen, mit dem die Betreuung für Kinder bis zum Jahr 2010 deutlich verbessert werden soll. Hier müssen alle mitziehen, auch die Städte, die Kommunen und die Bundesländer, damit wir ein Stück weiterkommen. Es gibt hier viele Probleme, die wir dringend lösen müssen.

Sprache ist wichtig!

In Deutschland leben Menschen aus vielen unterschiedlichen Ländern und Kulturen: Christen, Juden und Moslems, Deutsche, Italiener, Türken, Polen und viele andere. Das ist eine große Bereicherung für unser Land, es gibt hier aber auch Probleme. Kinder, die aus Familien kommen, in denen zu Hause nicht deutsch gesprochen wird, haben es in der Schule und später im Arbeitsleben oft viel schwerer als Kinder, für die Deutsch die erste Sprache ist. Für sie ist eine möglichst frühe Sprachförderung sehr wichtig. Doch auch immer mehr deutsche Kinder sprechen schlecht

Deutsch. In den Familien wird immer weniger gesprochen, vieles läuft über kurze Handy-Gespräche, SMS oder E-Mails, und so verkümmert das Sprachvermögen bei vielen immer mehr.

Es ist wichtig, dass Kinder und Jugendliche lernen, gut miteinander umzugehen, auch wenn sie aus verschiedenen Kulturen kommen. Das gilt dann auch später im Arbeitsleben. Deutschland treibt Handel mit vielen Ländern der Welt und ist hier sehr erfolgreich. Viele Menschen aus aller Welt kommen zu uns und unsere Fachkräfte sind in der ganzen Welt vertreten. Viele Arbeitsplätze in Deutschland hängen davon ab. Es ist gut, wenn ihr euch möglichst früh mit anderen Kulturen auseinander setzt. Wenn ihr früh Fremdsprachen erlernt, kann euch das im Arbeitsleben später sehr nützlich sein.

Lernen – ein Leben lang

Lernen ist heute nicht mehr auf eure Kinder- und Jugendzeit beschränkt. Die Anforderungen im Berufsleben ändern sich sehr schnell. Es genügt heute nicht mehr, einen Schulabschluss zu machen, um dann einen Beruf zu lernen, der euch das ganze Leben lang ernährt. Heute müsst ihr euch immer weiterbilden, ihr müsst das ganze Leben lang lernen, um im Berufsleben mitzukommen. Und weil das Lernen so wichtig ist, darum müsst ihr heute verstärkt das Lernen selbst lernen. Ihr müsst lernen, wie ihr an das Wissen, das ihr braucht, herankommt. Ihr müsst unterscheiden zwischen dem, was euch weiterbringt, und den vielen Informationen, die unwichtig sind.

Das ist auch ein Problem im Umgang mit dem Computer und dem Fernsehen. Oft wird hier überhaupt nicht mehr ausgewählt. Ganze Tage vergehen mit Computerspielen und Fernsehsendungen, die nur die Zeit vertreiben. Ihr müsst lernen, mit dem riesigen Angebot der Medien umzugehen. Ihr müsst auswählen und dürft nicht alles in euch hineinfressen. Auch hierbei muss die Schule helfen. In der Wissensgesellschaft kommt es gerade auf die kritische Auswahl an, denn nicht jede Information enthält ein Wissen, das euch weiterbringt.

Frank Lehmann

Warum kosten Marken-Shirts mehr als No-Name-Artikel?

H wie »Hemd«. Wenn das so einfach wäre … Oberhemd, Unterhemd oder Nachthemd? Mit kurzen Ärmeln oder langen? Bunt, kariert oder weiß? Und ganz wichtig: aus welchem Material, also Stoff? Baumwolle, Leinen – Naturfasern – oder synthetisch, aus Kunstfasern, die mit viel Chemie hergestellt werden? Tja, das muss man alles wissen oder beantworten, wenn man im Laden zur Verkäuferin sagt: »Ich will ein Hemd!«

Früher, zu Zeiten unserer Ur-Ur-Ur-Großeltern gab es nur einen Namen fürs heutige Hemd: Gewand. Klingt irgendwie eleganter, oder? Bei den alten Ägyptern, Griechen und Römern war das Hemd kittelartig, also so lang wie eine Küchenschürze. Man nannte es vornehm »Obergewand«. Später kam dann das Untergewand hinzu, die so genannte Leibwäsche – also das, was die Leute unter dem Gewand direkt am Körper (Leib) trugen, unser heutiges Unterhemd. Damals war für Männer und Frauen alles gleich, es gab keine Unterschiede. Das änderte sich, als die Mode mehr und mehr eine Rolle spielte, also das schicke Aussehen der Kleidung – was immer das auch ist. Dann unterschied man zwischen Frauen- und Männer-Hemden.

T-Shirts sind eigentlich nichts Besonderes

Warum wühle ich so stark in der Geschichte herum und erzähle, warum Hemd nicht gleich Hemd ist? Weil das, worum es in der Frage geht, nicht irgendwann erfunden wurde, das T-Shirt nämlich, sondern weil es sich aus dem früheren Unterhemd entwickelt hat. Das T-Shirt kommt aus Amerika, wie so vieles, und heißt an sich nur: Trainings-Hemd. Es war ursprünglich ein Männer-Unterhemd für den Sport oder das Training, ein kurzärmliges Hemd aus Baumwolle ohne viel Schnickschnack – fertig!

Was sich daraus entwickelte, weiß jeder. Weil fast jeder heute T-Shirts, Shirts (mit Kragen und kurz geknöpft) oder auch Sweatshirts (fast schon Pullis) im Schrank hat, mancher sogar Dutzende. Für jeden Anlass das passende und oft mit Sprüchen drauf (zum Beispiel »Schule ist doof«, »Ich liebe Anna«, »Spaß muss sein«) oder auch nur Kennzeichen, so genannte Logos wie das Vereinszeichen von Bayern München oder eine Automarke, der eigene Sportverein und so weiter. Das T-Shirt ist heute aus unserem Leben nicht mehr wegzudenken, ist Massenware für alle und nicht mehr nur was für Sportler. Und es ist auch längst kein Unterhemd mehr. Besonders gestylte und aufgepeppte T-Shirts gelten als schick und werden auch als Oberhemd getragen, sogar bei Festen, Theater-Besuchen oder in der Oper. Und keiner regt sich darüber auf – zumindest meistens. Beliebt sind auch die T-Shirts ohne Ärmel, Tank-Shirts genannt, besonders im heißen Sommer.

In oder out?

Weil auch viele Oldies, Senioren also, mit Begeisterung T-Shirts tragen, weil sie so einfach und praktisch sind, lässt sich die Bekleidungsindustrie immer was Neues, vor allem Modisches, einfallen, damit mehr gekauft werden. Mode wechselt ja ganz fix. Was heute »in« ist, also gefragt, ist morgen schon wieder »out«, also keiner will es mehr. Schnell hat man sich an etwas »übergesehen«, auch weil es die Freunde alle schon haben. Also sucht man nach was Neuem, was die anderen noch nicht besitzen. Und die Wirtschaft, also die Firmen, die solche T-Shirts herstellen und verkaufen, versuchen immer wieder, neue modische Trends (Geschmacksrichtungen) zu entdecken oder sogar selbst zu erfinden. Nur, damit immer mehr von den Ex-Unterhemden verkauft werden.

Ein T-Shirt ist ja an sich ein sehr preiswerter Artikel. Ein Baumwoll-Hemd, bedruckt oder nicht, mit kurzen Ärmeln, ist schnell gemacht. Da brauchst du nicht viel Handarbeit, um Kragen oder schicke Knöpfe anzunähen, denn das hat ein T-Shirt alles nicht. Gut, beim normalen Shirt oder Sweatshirt schon, aber auch da sind es nur ein paar Handgriffe. Also spuckt ein Textil-Automat jede Stunde Hunderte von Hemden aus. Vorher ist er genau auf die Größe, Farbe usw. programmiert worden, per Computer, versteht sich. Und wenn dann ein Hersteller sagt, ich lass die Shirts nicht in Deutschland nähen, sondern im viel, viel billigeren China oder in anderen Ländern Asiens, dann kriegst du die Shirts oft fast »nachgeschmissen« in Billigläden wie Aldi, Lidl oder Takko.

Nur ein Beispiel: In China kann ein deutscher Textilhändler einen Anzug nähen lassen für sage und schreibe 7 Euro. In Deutschland müsste er für die gleiche Arbeit und das gleiche Modell 70 Euro bezahlen. Was für ein Unterschied, oder? Das ist auch ein Grund dafür, warum fast alle Textilien aus dem preiswerteren Ausland (vor allem Fernost) kommen. Die früher mal weltbekannte deutsche Textil- und Bekleidungsindustrie gibts fast nicht mehr. Die Produktion hierzulande liegt fast bei null – alles ist aus Kostengründen »ausgewandert«. Gut, geplant und entworfen werden die Modelle noch bei uns, aber in Massen produziert tausende Kilometer entfernt. Es gibt hohe Transportkosten aus China, meinst du? Kann man fast vergessen, denn die Hemden kommen in riesigen Mengen per Schiff aus China. Da fallen für das einzelne Hemd nicht viel Kosten an.

Image ist alles

So, was macht nun die Textilindustrie, damit sie mit dem Billigartikel T-Shirt doch noch richtig Kohle macht? Die Preise erhöhen lohnt sich nicht. Bei der großen Konkurrenz von Aldi bis H&M kriegt man seine teureren Hemden nicht mehr los. Warum soll der Kunde fürs gleiche Hemd mehr bezahlen? Da wäre er ja schön blöd! Darum haben große Firmen mit bekannten Namen Folgendes beschlossen: Wir nehmen die T-Shirts und nähen oder kleben unseren Markennamen oder unser Markenzeichen als Wiedererkennung (»Logo«) auf die Brust – von Nike über Adidas, Puma bis Lacoste (Krokodil als Logo) oder wie sie alle heißen. Dann sagen wir dem jungen Verbraucher und hämmern ihm das durch Werbung, von Zeitungsanzeigen bis zu Fernsehwerbung, ein: Nur wenn du unser Hemd mit diesem Markennamen kaufst, dann hast du ein Original, dann hast du was Besseres, dann unterscheidest du dich von den anderen, die

diese billigen Hemden von Aldi etc. ohne Namen tragen. Dann kannst du stolz sein, weil du ein Nike-Shirt (oder eins mit einem anderen Namen) trägst. Und das muss es dir auch wert sein, etwas mehr dafür im Geschäft zu zahlen. Die Markenfirmen haben mit ihrer Werbung so lange keine Ruhe gegeben, bis sich bei vielen, gerade Jugendlichen diese Botschaft tatsächlich im Kopf festgesetzt hat. Wenn ich Hemden von Nike oder Adidas oder Lacoste trage, bin ich was Besonderes, dann trage ich »Kult« und bin es auch. Wer will nicht auffallen, herausstechen aus der Masse der Menschen?

Das ist es, was die großen Firmen mit ihren bekannten Marken wollen: dass die Verbraucher die Marke auch in ihrem Herzen tragen, ihr so was wie eine Seele geben. Blödsinn, Quatsch, nur was für Hirnis? Nein. Wer hinter die Kulissen dieser großen Konzerne guckt, weiß, was da abgeht. Ein gutes Markenprodukt, auch ein T-Shirt, soll Emotionen, also Gefühle wecken. Das hat man den Käufern so lange eingetrichtert, bis sie für ein Marken-Hemd viel mehr Geld ausgeben als für das gleiche von Aldi oder Takko. Denn: Da steht eben der Markenname nicht drauf. Und auf diesen Unterschied kommt es vielen an. Viele Eltern klagen darüber, dass ihre Kids, bloß um in der Schule mithalten zu können, nur Hemden mit bestimmten Logos drauf haben wollen. Die Leute von Nike bis Lacoste lachen sich ins Fäustchen: Sie kaufen das gleiche Hemd zur gleichen Qualität und zum gleichen Preis wie Aldi und Co. in China oder sonst wo (also billig) und verkaufen es zu viel höheren Preisen als die so genannten Discounter. Das ist der Sieg der Marke über die Namenlosen. Von wegen: Geiz ist geil. Der (günstige) Preis ist eben nicht alles! Das freut die Markenfirmen, und ihr Verband drückt den Verbrauchern, damit sie auch ja bei der Stange bleiben, Einkaufstüten mit dieser Aufschrift in die Hand: »Die Marke. Etwas anderes kommt mir nicht in die Tüte.«

Ganz schön clever, was?

Personenporträts

Die Autoren

© Deutsche Bank AG

Dr. Rolf-E. Breuer, geboren am 3. November 1937 in Bonn, absolvierte seine Lehre bei der Deutschen Bank und studierte Rechtswissenschaften in Lausanne, München, Bonn. 1966–1969 war er in der Karlsruher Filiale der Deutschen Bank, danach in deren Börsenabteilung in Frankfurt a. M. tätig. 1974 wurde er Direktor und Leiter der Börsenabteilung. 1985 wurde er in den Vorstand der Deutschen Bank berufen, 1997 wurde er Sprecher des Vorstandes. Seit 2002 ist er Aufsichtsratsvorsitzender. Rolf-E. Breuer ist Vater von fünf Kindern.

© RTL Television

Reiner Calmund, geboren am 23. November 1948 in Brühl, schlug früh die Trainerlaufbahn ein und war mit 19 Jahren Jugendauswahltrainer, Vorsitzender des Kreisjugendausschusses und Geschäftsführer des Fußballkreises Köln-Land. Der gelernte Außenhandelskaufmann und studierte Betriebswirt war ab 1976 Jugendleiter und Stadionsprecher bei Bayer 04, später wurde er dort Manager und Geschäftsführer. Nach 27 Jahren bei Leverkusen ging er in die wohlverdiente Pause und moderierte 2004 bei RTL »Big Boss«. In der Reality-Serie gab er Bewerbern die Chance auf eine besondere Karriere. Für die Fußball-WM 2006 fungiert er als Botschafter für Nordrhein-Westfalen. Reiner Calmund ist Vater von fünf Kindern.

© Bundesministerium der Finanzen

Hans Eichel, geboren am 24. Dezember 1941 in Kassel, machte nach dem Studium der Germanistik, Philosophie, Politik und Geschichte ein Referendariat für das Lehramt an Gymnasien. 1964 wurde er Mitglied der SPD und 1989 deren Landesvorsitzender in Hessen. Von 1991 an war er Mitglied im SPD-Bundesvorstand und Ministerpräsident des Landes Hessen, bevor er 1999 das Amt des Bundesministers der Finanzen antrat. 2005 wurde er Ehrensenator der Universität Kassel. Hans Eichel ist Vater von zwei Kindern.

© privat

Günther Jauch, geboren am 13. Juli 1956 in Münster, besuchte nach dem Abitur die Münchner Journalistenschule. Seine journalistische Laufbahn begann 1977 in der Sportredaktion des Bayerischen Rundfunks. 1985 moderierte er mit Thomas Gottschalk täglich die »B3-Radioshow« und wurde Moderator von »Live aus dem Alabama«. Beim ZDF startete er 1987 mit »Na siehste!«, schon 1988 stieg er in den Moderatorenkreis des »Aktuellen Sportstudios« auf. Mit seinem Wechsel zu RTL und der Moderation von »stern TV« ab 1990 sowie von »Wer wird Millionär?« ab 1999 wurde er endgültig zum meistgesehenen Moderator auf den Bildschirmen. Günther Jauch ist Vater von vier Kindern.

© ZDF

Cherno Jobatey, geboren am 6. August 1965 in Berlin, war nach seinem Studium der Amerikanistik, Politologie und Publizistik in Berlin und Los Angeles als freier Journalist für »taz«, »Tagesspiegel«, »Die Welt«, RIAS, »Die Zeit« und »Der Spiegel« tätig. Über einen Fotokopierjob als Ferienvertretung kam er zum Fernsehen und arbeitete sich schnell zum TV-Reporter hoch. Erste Moderationserfahrungen sammelte er beim SFB. 1991 moderierte Cherno Jobatey die ARD-Quizsendung »Kopfball«. Ein Jahr später wurde er dann »Frühstücksdirektor von Deutschland« mit dem »ZDF-Morgenmagazin« und eroberte mit den Markenzeichen Anzug, Turnschuhe und Zopf das Publikum.

© privat

Michael Jungblut, geboren am 14. November 1937 in Düsseldorf, schloss sein Studium der Volks- und Betriebswirtschaft und Soziologie als Diplom-Volkswirt ab. Als Wirtschaftsredakteur arbeitete er zunächst bei »Die Zeit« und leitete dort seit 1977 die Wirtschaftsredaktion. 1986 wechselte er als Leiter der Hauptredaktion Wirtschafts-, Sozial- und Umweltpolitik zum ZDF. Dort moderierte Michael Jungblut Sendungen wie »Im Kreuzfeuer« und »ZDF spezial« und war das Gesicht der erfolgreichen Sendung »WISO«. Der Fernsehjournalist veröffentlichte daneben verschiedene Wirtschaftsbücher und erhielt unter anderem 1980 den Ludwig-Erhard-Preis für Wirtschaftspublizistik. Michael Jungblut ist Vater einer Tochter und eines Sohnes.

© ZDF

Prof. Dr. Guido Knopp, geboren am 29. Januar 1948 in Treysa, studierte Geschichte, Politik und Publizistik. 1977 leitete er das Auslandsressort der »Welt am Sonntag«, 1978 wurde er Auslandsredakteur der »FAZ«. Seit 1984 leitet er die ZDF-Redaktion »Zeitgeschichte«. Seine Dokumentationen mit bewegenden Zeitzeugen faszinieren die Nation. Er erhielt Auszeichnungen wie den Europäischen Fernsehpreis, den Goldenen Löwen, die Goldene Kamera, den Deutschen Fernsehpreis und das Bundesverdienstkreuz. Auch als Moderator von Talk- und Diskussionsrunden ist er bekannt. In der jährlichen Kongressreihe »Aschaffenburger Gespräche« behandelt er als Initiator und Leiter zeitgeschichtliche Themen. Guido Knopp ist Vater von vier Kindern.

Markus Koch, geboren am 10. April 1971 in Königstein im Taunus, zog es früh an die Börse. Seit 1996 berichtet der »Börsenkoch« vom Parkett in New York für den Nachrichtensender n-tv. 2000 gehörte er zu den drei Nominierten für den Dt. Fernsehpreis. Seine Erstveröffentlichung »Erfolgsrezepte vom Börsenkoch« gehörte zu den Bestsellern in »Welt am Sonntag« und »WirtschaftsWoche«. Neben der Tätigkeit als Korrespondent leitet er eine Firma in Manhattan, die sich um die aktuelle Börsenberichterstattung kümmert. In seiner Freizeit steht aber nicht die Börse, sondern der Jazz im Vordergrund.

Foto: Dirk Eusterbrock, © Markus Koch

© Hessischer Rundfunk

Frank Lehmann, geboren am 17. Januar 1942 in Berlin, ist studierter Betriebswirt und ausgebildeter Wirtschaftsjournalist. Seit 1978 arbeitet er beim Fernsehen des Hessischen Rundfunks, leitete zunächst die »Tagesschau«-Redaktion, dann 5 Jahre lang das Regionalmagazin »hessenschau«, auch als Moderator. 1989 übernahm er die Leitung der FS-Wirtschaftsredaktion. Seit August 2002 ist er Leiter der ARD-Börsenredaktion (TV) und damit zuständig für die gesamte TV-Börsenberichterstattung im Ersten. Er moderiert u. a. die Sendung »Börse im Ersten« kurz vor der 20-Uhr-Tagesschau und berichtet von der Börse für die Tagesschau sowie die ARD-Tagesthemen. Frank Lehmann ist verheiratet und Vater von drei Kindern.

© CDU

Dr. Angela Merkel, geboren am 17. Juli 1954 in Hamburg, studierte Physik und promovierte 1986. 1990 trat sie in die CDU ein und wurde 1991 stellvertretende Vorsitzende der CDU Deutschlands. Von 1991 bis 1994 war sie Bundesministerin für Frauen und Jugend, in den nächsten vier Jahren übernahm sie das Amt der Bundesministerin für Umwelt, Naturschutz und Reaktorsicherheit. Nachdem sie von 1998 bis 2000 Generalsekretärin war, wurde sie im April 2000 zur Parteivorsitzenden gewählt. Damit ist sie die erste Frau in der Geschichte Deutschlands, die dieses Amt innehat. Seit 2002 ist sie Vorsitzende der CDU/CSU-Fraktion im Deutschen Bundestag und 2005 die Kanzlerkandidatin der CDU/CSU für die nächste Bundestagswahl.

Franz Müntefering, geboren am 16. Januar 1940 in Neheim-Hüsten, absolvierte nach dem Besuch der Volksschule eine Lehre zum Industriekaufmann. 1966 wurde er Mitglied der SPD. 1991 und 1992 war er Parlamentarischer Geschäftsführer der SPD-Bundestagsfraktion und wurde Mitglied im SPD-Parteivorstand. 1995 wurde er Bundesgeschäftsführer, bis er 1998 zum Bundesminister für Verkehr, Bau- und Wohnungswesen ernannt wurde. Im Anschluss wurde er Ende 1999 Generalsekretär der SPD. Seit September 2002 ist er Vorsitzender der SPD-Bundestagsfraktion. Im März 2004 wurde er zum Vorsitzenden der SPD gewählt. Franz Müntefering ist Vater von zwei Töchtern.

© Jens Neumann/Edgar Rodtmann

© 2000 Christine Strub

Günter Ogger, geboren am 25. April 1941 in Ulm, ist einer der bekanntesten deutschen Wirtschaftsjournalisten. Nach seiner Tätigkeit als Ressortleiter bei »Capital« und Chefredakteur bei Burda machte er sich 1971 als Publizist und Autor selbständig. Er schrieb für Wirtschaftsmagazine und Publikumszeitschriften wie »Stern« und »Quick« und entwickelte Konzepte für »WirtschaftsWoche«, »Impulse« und das Magazin der »Frankfurter Allgemeinen Zeitung«. Als Buchautor eroberte Günter Ogger mit Titeln wie »Nieten in Nadelstreifen«, »Das Kartell der Kassierer« und »Der Börsenschwindel« die Bestsellerlisten. Günter Ogger ist verheiratet und hat zwei Kinder.

© SAT.1

Kai Pflaume, geboren am 27. Mai 1967 in Halle an der Saale, studierte Informatik und machte eine Ausbildung zum Wertpapierkaufmann. 1992 hängte er seinen Beruf Aktienhändler an den Nagel und ging ins Showgeschäft. Bereits 1993 erhielt er seine erste Sendung »Nur die Liebe zählt«. Seit 1996 moderiert er eine Show nach der anderen, darunter »Glücksspirale«, »Die Chance deines Lebens«, »Rache ist süß«. Auch für Event-Moderationen wie »Deutschlands wahre Helden«, »Goldenes Lenkrad« und die »WOK-WM« für »TV-total« steht er vor der Kamera. 2004 moderierte er die Live-Sendungen der Casting-Show »Star Search«. Kai Pflaume ist Vater von zwei Söhnen.

Claudia Roth, geboren am 15. Mai 1955 in Ulm, studierte Theaterwissenschaften und arbeitete als Dramaturgin und Managerin der Rock-Band »Ton Steine Scherben«. 1985 wurde sie Pressesprecherin der Grünen Bundestagsfraktion. Von 1989 bis 1998 war sie Grüne Europaabgeordnete, seit 1994 als Vorsitzende der Grünen Fraktion im Europaparlament. 1998 wurde sie in den Bundestag gewählt und war dort Vorsitzende des Ausschusses für Menschenrechte und Humanitäre Hilfe. Von 2003 bis 2004 war Claudia Roth Beauftragte der Bundesregierung für Menschenrechtspolitik und Humanitäre Hilfe im Auswärtigen Amt. 2001/2002 und erneut seit 2004 ist sie Bundesvorsitzende von Bündnis 90/Die Grünen.

© Bündnis 90/Die Grünen

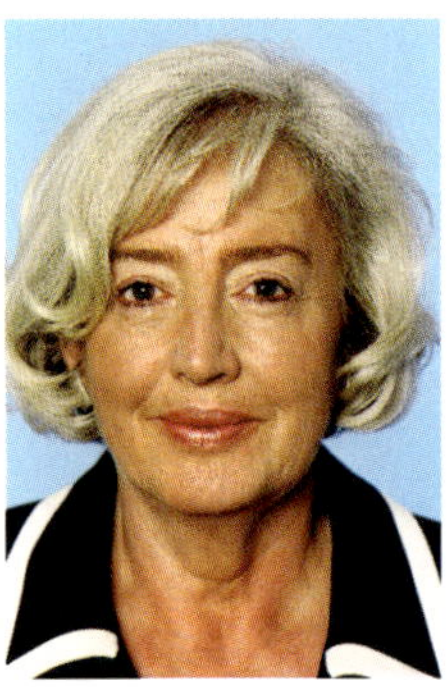
© Bundesbildstelle

Renate Schmidt, geboren am 12. Dezember 1943 in Hanau, arbeitete nach ihrer Ausbildung zur Programmiererin als Systemanalytikerin und Betriebsrätin in einem Versandunternehmen. Seit 1972 ist sie Mitglied der SPD und war von 1980 bis 1994 Mitglied des Deutschen Bundestags. 1994 wurde sie in den Bayerischen Landtag gewählt, dem sie bis 2002 angehörte. Von 1991 bis 2000 führte sie die Bayern-SPD, von 1997 bis 2003 engagierte sie sich als stellvertretende SPD-Vorsitzende insbesondere in der Familienpolitik. Seit 2002 ist Renate Schmidt Bundesministerin für Familie, Senioren, Frauen und Jugend. Sie ist verheiratet und Mutter von drei Kindern.

Die Herausgeberinnen

© Sigrid Born

Sigrid Born, geboren am 30. April 1969, studierte Rechtswissenschaften in Mannheim und Heidelberg. 1995 legte sie ihr 2. Juristisches Staatsexamen ab. Anschließend absolvierte sie ein Journalistikstudium an der Universität Mainz. Seit 1996 erstellt sie Fernsehbeiträge für ARD und ZDF. Zusammen mit Nicole Würth leitet sie die Film- und Fernsehproduktion »Die Filmschmiede«. Sie ist zudem Autorin diverser Rechtsratgeber, Chefredakteurin der Zeitschrift »WISO-Magazin«, Rechtsanwältin und Mutter von zwei Söhnen.

Nicole Würth, geboren am 24. Dezember 1968, studierte Rechtswissenschaften in Mainz. 1996 absolvierte sie das 2. Juristische Staatsexamen. Seit 1993 arbeitet sie als Fernsehautorin für ARD und ZDF. Zusammen mit Sigrid Born ist sie Inhaberin der Film- und Fernsehproduktion »Die Filmschmiede«. Weiterhin ist sie Autorin mehrerer Rechtsratgeber, Chefredakteurin der Zeitschrift »WISO-Magazin«, Rechtsanwältin und Mutter einer Tochter.

© Nicole Würth

Der Illustrator

© Roland Prillwitz

Roland Prillwitz, geboren am 20. August 1965, schloss 1996 sein Grafik-Design-Studium an der FH Augsburg als Diplom-Designer ab. Schon während des Studiums führte er mit seiner späteren Frau das Büro für Grafik-Design und Illustration Prillwitz & Fischer. Hier entwickelt er Character für Firmen, zeichnet Comics und Karikaturen für Zeitschriften und erfindet Geschichten. In diversen Ausstellungen wurden seine Comics bereits der Öffentlichkeit vorgestellt. Seit 2003 ist er Vater einer Tochter.

Stand: Juni 2005

Wirtschaftliche Fachbegriffe

Aktie (siehe Seite 17, 38–45) Ein Wertpapier, mit dem man einen Anteil an einer großen Firma besitzt. Die Aktien kann man kaufen und verkaufen. Der Wert einer Aktie schwankt fast von Minute zu Minute, deshalb ist der Besitz von Aktien eine aufregende Angelegenheit.

Angebot (siehe Seite 15–16) Alle Waren oder Dienstleistungen, die Verbraucher kaufen können. Angebot und Nachfrage bestimmen den Preis einer Ware: Ist das Angebot von Waren höher als die Nachfrage, gibt es mehr von den Waren, als die Käufer haben wollen, und der Preis ist niedrig. Wenn aber das Angebot niedriger ist als die Nachfrage, wollen also die Käufer etwas haben, was es nur selten gibt, steigt der Preis.

Bank (siehe Seite 46–53) Geldinstitut, bei dem man gegen Zinsen Geld leihen (Kredit nehmen) und dem man sein Geld anvertrauen kann, um Zinsen zu erwirtschaften. Viele Menschen haben bei einer Bank ein Konto, auf das ihr Gehalt überwiesen wird und von dem aus sie selbst Überweisungen machen können.

Boom (siehe Seite 26) Der Begriff stammt aus dem Englischen und bedeutet Hochkonjunktur, also die Zeit des wirtschaftlichen Aufschwungs. In dieser Zeit gibt es genügend Arbeitsplätze, es wird viel Geld ausgegeben und der Mehrzahl der Unternehmen geht es gut, da sie durch den Boom hohe Gewinne erzielen.

Börse (siehe Seite 17, 38–45) Die größte deutsche Börse hat ihren Sitz in Frankfurt. Sie ist eine Art Markt für den Kauf und Verkauf von Aktien, Devisen und Rohstoffen. Die Aktien werden zu wechselnden Preisen (Kursen) gehandelt werden und können nur durch Börsenmakler ge- und verkauft werden.

brutto (siehe Seite 77) Der Begriff stammt aus dem Italienischen und bedeutet so viel wie »mit Verpackung« und »ohne Abzug der Kosten«. Ein Brutto-Preis ist z. B. ein Preis mit Umsatzsteuer, ein Brutto-Gehalt ein Gehalt vor dem Abzug von Steuern und Versicherungen.

Bruttoinlandsprodukt (BIP) (siehe Seite 24–26) Ob die Wirtschaft wächst oder nicht, wird durch das so genannte Bruttoinlandsprodukt gemessen. Mit BIP bezeichnet man alles, was innerhalb eines Jahres an Waren und Dienstleistungen in Deutschland produziert oder getätigt wird. Es wird also zusammengezählt, wie viel Autos beispielsweise von Unternehmen verkauft wurden, wie viel die Menschen im Supermarkt gekauft haben und wie oft sie Geld für Friseur- oder Restaurantbesuche ausgegeben haben.

Deflation (siehe Seite 31–36) Gegenteil von Inflation. Bei einer Deflation gehen die Preise für Waren und Dienstleistungen zurück. Ein Grund dafür ist ein Rückgang der Nachfrage. Darauf müssen Unternehmen mit Preissenkungen reagieren, um ihre Produkte überhaupt verkaufen zu können. Das klingt zwar verlockend, ist wirtschaftlich aber eine Katastrophe. Eine Deflation kommt nur selten vor.

Devisen Bezeichnung für ausländische Währungen wie Dollar oder Yen. Zahlungen in fremder Währung an ausländischen Plätzen, meist Guthaben bei ausländischen Banken und im Ausland zahlbare Schecks.

Dividenden (siehe Seite 43) Macht das Unternehmen, bei dem jemand eine Aktie hat, Gewinn, dann bekommt der Aktienbesitzer (Aktionär) einen Anteil davon ausgezahlt. Für jede Aktie erhält er einen bestimmten Betrag, der Dividende genannt wird. Meist sind die Dividenden aber sehr gering und auch nur schwer vorher zu bestimmen.

EU (Europäische Union) (siehe Seite 60) Vorläufer waren die Montanunion und die Europäische Gemeinschaft. Die EU ist ein Verbund von 25 europäischen Staaten und einer Gesamteinwohnerzahl von 455 Millionen Menschen. Ziele der EU sind die Verbesserung der wirtschaftlichen Lage, eine Besserung der Arbeits- und Lebensverhältnisse und eine Beseitigung von wirtschaftlichem Ungleichgewicht.

Euro (siehe Seite 60–67) Gemeinsame Währung der 12 Mitgliedsstaaten der EU und der »Zwergstaaten« San Marino, Vatikanstadt, Monaco.

Fonds (siehe Seite 45) Wer keine einzelnen Aktien kaufen will, kann Anteile eines Fonds kaufen. Das ist nicht so riskant, da im Fonds Aktien von verschiedenen Firmen stecken. Fonds werden von Managern verwaltet, die darauf achten, dass der Wert stabil bleibt. Dazu müssen sie die Aktienkurse beobachten und laufend Aktien kaufen und verkaufen.

Gewerkschaft (siehe Seite 74–75) Ein freiwilliger Zusammenschluss von Arbeitnehmern, die durch gemeinsames Handeln ihre Interessen bei Arbeitgeber und Staat durchsetzen wollen. Die Gewerkschaft handelt z. B. die Arbeits- und Gehaltsbedingungen für ihre Mitglieder mit Unternehmen aus. Die bekanntesten Gewerkschaften sind verdi und IG Metall.

Globalisierung (siehe Seite 80–86) Staaten, ausländische Unternehmen und Organisationen arbeiten wirtschaftlich zusammen. Das heißt, jedes Land und jedes Unternehmen kann da einkaufen, wo es gerade am günstigsten ist. Somit sind die Unternehmen nicht mehr nur in einem Land, sondern auf der ganzen Welt tätig. Die Menschen lernen also weltweit, miteinander zu leben, zu arbeiten, sich füreinander verantwortlich zu fühlen und Probleme gemeinsam zu lösen.

GmbH (Gesellschaft mit beschränkter Haftung) (siehe Seite 100) Handels- und Kapitalgesellschaft. Bei einer GmbH verlieren die Inhaber nicht ihr privates Geld, wenn das Unternehmen pleite geht, d. h. zahlungsunfähig wird, und sie haften nicht persönlich für die Schulden.

Index (siehe Seite 42) Zahlenwert, der die Aktienkurse der bedeutendsten Unternehmen an einem Börsentag in einer einzigen Zahl zusammenfasst. Bei uns heißt der Index »Dax« (Deutscher Aktienindex), in den USA »Dow Jones«. Steigt der Aktienindex, kann sich das auch auf die Aktienkurse anderer Unternehmen günstig auswirken.

Inflation (siehe Seite 30–33) Gegenteil von Deflation. Stetiges Ansteigen der Preise, bei dem das Geld immer weniger wert wird. Eine leichte Inflation ist normal und wird normalerweise dadurch ausgeglichen, dass die Bürger auch ein immer höheres Gehalt bekommen.

Investition Geld und langfristig nutzbare Produktionsmittel, die ein Unternehmer in seine Firma steckt, damit sie hinterher mehr erwirtschaftet. Auch Ausgaben für Forschung und Entwicklung zählen zu Investitionen.

Kapital (siehe Seite 25, 38–39) Zu Kapital zählen Geld, Gebäude, Fahrzeuge und Maschinen, über die ein Unternehmen verfügt. Kapital ist normalerweise die Grundvoraussetzung für ein Unternehmen. Oft wird das Kapital, hauptsächlich in Form von Geld, in wichtige Dinge investiert, die der Entwicklung des Unternehmens dienen.

Konjunktur (siehe Seite 26–27) Die Konjunktur ist durch zwei Phasen gekennzeichnet: durch die wiederkehrende Abfolge von Aufschwung (Hochkonjunktur oder Boom) und Abschwung (Rezession). Das bedeutet, dass es in der Wirtschaft ständige Schwankungen gibt.

Konvergenzkriterien (siehe Seite 67) Regeln, in denen Grenzwerte darüber festgelegt sind, wie viel Schulden ein Land haben darf und wie weit die Wirtschaft entwickelt sein muss, damit in diesem Land der Euro eingeführt werden kann.

Kredit (siehe Seite 52–53) Ein Kredit wird auch als Darlehen bezeichnet. Meist von einer Bank geliehenes Geld, das zu einem späteren Zeitpunkt samt Zinsen zurückgezahlt werden muss.

Marktwirtschaft (siehe Seite 16–17) Wirtschaftssystem, in dem die Preise durch das Zusammenspiel von Angebot und Nachfrage entstehen. Auf dem Markt gibt es all das zu kaufen, was der Verbraucher möchte, denn die Unternehmen erkennen die Bedürfnisse und stellen entsprechend Waren her. Anders funktioniert das bei der Planwirtschaft. Da wird genau festgelegt, was die Bürger brauchen, und dementsprechend produziert. Das führt jedoch oft dazu, dass es viele Dinge nicht gibt, welche die Bürger benötigen.

Nachfrage (siehe Seite 16–17) Wünsche und Bedürfnisse der Verbraucher, gewisse Waren oder Dienstleistungen zu erwerben (siehe auch unter Angebot).

netto (siehe Seite 77) Gegenteil von brutto und ebenfalls aus dem Italienischen. Netto heißt »rein«, »ohne Verpackung« und »ohne Kosten/Steuern«. Auf einen Netto-Preis muss also z. B. die hinzukommende Umsatzsteuer noch draufgerechnet werden, ein Netto-Gehalt ist ein Gehalt nach Abzug der Steuern und Versicherungen.

Preis (siehe Seite 12–17, 30–36) Geldsumme, die man für eine Ware bezahlen muss. Wie hoch der Preis ist, ergibt sich aus dem Verhältnis von Angebot und Nachfrage.

Rezession (siehe Seite 27) Zeit des wirtschaftlichen Abschwungs. Bei einer Rezession gibt es z. B. hohe Arbeitslosigkeit. Den Menschen, Unternehmen und dem Staat geht es in dieser Zeit finanziell schlecht.

Sponsoring (siehe Seite 97–99) Beim Sponsoring finanziert der so genannte Sponsor Bereiche wie etwa Fußballklubs, Kulturveranstaltungen oder Sportevents. Dafür darf er mit seinem Namen Werbung machen und kann die Ausgaben teilweise von der Steuer absetzen.

Staatsverschuldung (siehe Seite 28–29) Kredite, die der Staat aufnehmen muss, um seine Ausgaben zu decken. Ihr Gesamtwert darf in EU-Staaten, die den Euro als Währung haben, 60 Prozent des Bruttoinlandsproduktes nicht übersteigen.

Steuern (siehe Seite 68–73) Alle Bürger müssen einen Teil ihres Einkommens als Steuern an den Staat zahlen (Einkommensteuer). Auch ein Teil des Preises für Waren oder Dienstleistungen geht als Steuern an den Staat (Umsatzsteuer) Die Steuern bilden einen Teil des Einkommens des Staates, mit dem er wiederum seine Aufgaben finanziert.

Währung (siehe Seite 61–66) Bezeichnung für das Geld in einem Land, Festlegung des Münz- und Notensystems des Landes. Die Währung in Deutschland ist der Euro, in den USA ist es z. B. der Dollar.

Zentralbank (siehe Seite 31–33) Auch Notenbank genannt. Die Zentralbank bringt in einem Staat Geld in den Umlauf und reguliert die Höhe der Zinsen. Außerdem beliefert sie Bankfilialen mit Geld und holt es wiederum dort ab, wenn die Tresore voll sind.

Zinsen (siehe Seite 33, 47) Zinsen sind der Preis für das Überlassen von Geld oder Sachen. Wenn ein Kredit an die Bank zurückgezahlt wird, müssen zusätzlich zur geliehenen Summe Zinsen gezahlt werden.

[R]ECHT *cool!*

Kinder fragen nach ihren Rechten – prominente Juristen antworten

Ab 9 Jahre / 128 Seiten
€ 14,90

ISBN 3-7607-4822-8

Kinder und Erwachsene begegnen im Alltag ständig Situationen und Fragestellungen, die mit dem Thema Recht und Gesetz zu tun haben:

§ *Was passiert mit einem Kaufhausdieb?*
§ *Was darf ich mir von meinem Taschengeld kaufen?*
§ *Was wird aus mir, wenn meine Eltern sich scheiden lassen?*
§ *Darf ich auf dem Gehweg Fahrrad fahren?*
§ *Ab wann dürfen Kinder ein Handy haben?*
§ *Wieso werden Fußballspieler »verkauft«?*

15 prominente Juristen aus Politik, Sport und Medien beantworten diese und andere Fragen aus den Rechtsgebieten, die für Kinder am interessantesten sind – verständlich, anschaulich und mit vielen Beispielen.

Ergänzt werden die Beiträge durch Interviews mit Prominenten, die mit diesen Rechtsfragen täglich zu tun haben – ob als Fernseh- oder als Fußballstar.